도서관과

리터러시
파워

도서관과

리터러시
파워

송경진 지음

차례

 이 책을 쓰는 중에 나는 개인적으로 쉽게 겪을 수 없
는 사건의 파장 속에 있었다. 내가 일했던 자치구에서 벌어
진 공공도서관 예산 삭감 및 카페형 독서실로의 작은도서
관 기능 전환을 둘러싼 논란과 대립이 그것이다. 페이스북
이라는 온라인 공간에 올린 글이 기사화되면서 어쩔 수 없
이 겪어야 했던 소란 속에서 평소 가졌던 우리 삶 속 말과
글에 대한 고민을 다시 마주할 수 있었다.

 우리는 왜 말을 하고 글을 쓸까? 말과 글은 온전히 우
리의 생각을 실어 나르기에 충분한 것일까? 나의 생각을
전달하기에 적절한 매체는 따로 있는 것일까? 어떤 맥락에
서도 진실이 왜곡되지 않는 표현은 가능한 것일까? 우리가
대면하지 않고 온라인에서 의견을 주고받을 때 우리 말과

글은 온전한 소통 도구가 될 수 있을까? 그리고 대체 도서관이란 무엇인가? 하는 질문이 꼬리를 물고 이어졌다.

그 후로 한동안 말, 글, 도서관이라는 세 가지 키워드는 내 머리와 마음속을 휘젓고 다녔다. 마치 오랫동안 믿어왔던 신앙을 조롱당한 사람처럼 혼돈과 침울과 분노의 감정 사이를 쏘다녔다. 그러다가 우리가 키워온 문명의 성장은 얼마나 충실하게 공공도서관을 지원하느냐에 좌우될 것이라고 했던 칼 세이건의 말을 떠올리면서 읽고, 쓰고, 생각하고, 말하는 모든 행위가 어떻게 사람과 사회를 성숙시키고, 도서관은 그 과정에서 어떤 역할을 할 수 있는지 직접 써보자는 마음이 생겼다.

이미 나는 같은 주제의 원고를 완성해둔 상태였는데 이 일을 기회로 앞서 쓴 원고를 모두 뒤엎는 작업이 시작되었다. 읽기 어렵고, 잘 정리된 강의 노트 같다는 편집자의 평을 들은 초고는 거의 폐기 수준으로 수정되었다. 도서관을 일터로 둔 사서로서, 리터러시literacy라는 모호한 개념을 주제로 논문을 썼던 연구자로서 개념과 이론을 위주로 서술되었던 첫 원고는 조금 더 쉬운 언어로 지금 우리 사회와 개인의 삶 속에 놓인 리터러시의 의미를 찾아보는 것으로 바뀌었다.

과연 리터러시란 무엇이며 어떤 과정을 거쳐 그 뜻이 변했는지, 어떤 이론들이 그 과정 안에서 나타나고 사라졌는지에 치중했던 문장들을 싹 걷어내고 왜 우리에게 리터러시가 중요하고, 어떤 점들이 올바른 리터러시 습득에 방해가 되는지, 앞으로 어떻게 사람과 사회를 살리는 리터러시 역량을 길러낼 것인지에 초점을 맞추었다. 과정은 어려웠지만 결과는 보람 있었다. 글을 써 내려가면서 지금 이 자리에서 내가 해야 할 일 즉 도서관을 중심으로 사회의 리터러시를 끌어올리기 위한 실천 방안들이 머릿속에서 정리되는 값진 경험을 했다.

뒤늦게 먼 길을 돌아온 길눈 어두운 여행자가 되어 몇 번의 시행착오를 겪은 후에야 하고 싶던 말을 글로 정리할 수 있게 된 아쉬움이 있다. 하지만 때로는 잘못 들어선 길에서 뜻밖의 풍경과 위안을 찾듯 그동안 겪은 고단함과 혼란스러움이 제대로 된 리터러시 실천에 대한 생각을 정리하는 실마리가 되어주었음을 인정하고 감사한다.

기술 발전으로 새롭게 등장한 화려한 매체와 그 위력 앞에서 이미 말과 글은 그 역할을 다한 것처럼, 이제는 말과 글이 아닌 다른 소통 기술이 필요한 것처럼 조바심 내며, 마치 리터러시라는 없던 역량이 새롭게 나타난 듯 호들

갑스러웠던 우리 사회 담론들 역시 먼 길을 돌아가는 과정이었다고 생각한다. 리터러시는 전혀 새로운 것이 아니다. 그리고 매체와 맥락에 국한된 것도 아니다. 오히려 이 모든 것이 통합적으로 구현되어야 하는 역량이며, 인류 역사와 함께해온 가장 오래된 소통 기술인 말과 글이 제자리를 찾아갈 수 있게 해주는 능력이다.

더불어 내가 겪은 사건의 파장 속에서 공공도서관에 대한 오해와 편견이 아직도 상당한 것을 느끼고 안타까웠다. 공공도서관은 모두가 평등하게 정보와 지식에 접근할 수 있도록 함으로써 보편적 복지를 실천하는 기관일 뿐 아니라 개인과 사회의 리터러시 역량을 키워 나가기 위해서도 중요한 곳이다. 서로 얼굴을 맞대고 대화하면서 일상생활에 사용되는 말과 글을 배우는 리터러시의 암묵지적인 성격과 책이나 영상처럼 잘 정비된 매체와 자료를 통해 공식적이고 문화적인 표현을 배움으로써 소통 역량을 키우는 형식지적인 성격을 아울러 실천할 수 있는 최적의 장소이기 때문이다.

흔히 말하듯 모든 지식과 학문은 누군가의 업적에 기대어 한 발 한 발 나아가는 것이며, 거인의 어깨 위에 올라선 난쟁이가 더 먼 곳을 볼 수 있다는 격언처럼 이 책에 풀어놓은 이야기는 그간 쌓아 올려진 여러 분야의 담론과 연구에 빚지고 있다. 이 책이 리터러시라는 개념과 실천 방향을 잡는 데 조금이라도 도움이 된다면 좋겠다. 특히 다양한 리터러시 자원을 갖추고 불특정 다수에게 열려 있는 가장 평등한 기관인 공공도서관에서 조금 더 성찰하는 자세로 리터러시 서비스에 대한 고민을 시작하는 출발점이 된다면 더할 나위 없이 감사하고 뿌듯할 것 같다.

1
말, 글
그리고 리터러시

•

사람과 사람 사이에 말이 있다

　내 별명은 '3분 콜'이다. 업무적인 대화가 아니라면 나의 통화는 대부분 3분 안쪽에서 마무리되기 때문에 붙은 별명이다. 수화기를 들고 살가운 안부를 묻거나 속내 깊은 고민을 이야기하는 일은 거의 없지만, 말이 잘 통하는 사람과 얼굴을 맞대고 흥미로운 이야기를 하거나 공감할 주제가 있는 자리에서는 제법 수다스럽다. 물론 나와는 다른 패턴의 대화 습관을 지닌 사람들도 적지 않다. 사적인 자리에서는 거침없이 활발하게 이야기하면서도 공적인 자리에서는 한마디 운을 떼기 어려워한다거나 얼굴을 마주 보고 하는 대화보다 이모티콘과 은어가 뒤섞인 온라인 대화가 더 마음 편한 경우도 있을 것이다.

우리에게 말이란 어떤 의미일까? 왜 어떤 경우에는 말하기가 수월하고 어떤 경우에는 말하기가 불편해지는 걸까? 아마도 내 이야기를 잘 전달할 수 있다고 생각될 때는 쉽게 입을 열지만, 그렇지 않으면 입을 닫게 되는 것이 아닐까? 또 내가 가진 정보가 정확하고 논리적으로 상대를 설득할 수 있다고 생각되거나 어떤 이야기를 하더라도 심리적인 지지를 받을 수 있을 거라고 기대할 때는 쉽게 말하지만, 상대와 논박하기에 자신이 없거나 아무리 진심 어린 이야기를 해도 심리적 지지를 받을 수 없다고 느낄 때는 말하지 않게 되는 것 같다.

어떤 경우든 말이 사라진 관계는 위험하다. 사람과 사람 사이에서 주고받는 말이 뜸해진다면 그 관계에 위기가 왔다는 징후다. 사춘기 자녀가 방문을 걸어 잠그고, 관계가 소원해진 부부가 투명 인간이 된 듯 말없이 각자 일상을 영위하며 힘들어하는 이야기는 낯설지 않다. 직장에서도 마찬가지다. 침묵이 긴 회의에서 좋은 결과가 나오지 않는다는 사실은 경험으로 알 수 있다. 활발한 대화가 오가는 회의는 참신한 아이디어를 낳을 뿐 아니라 아이디어를 구체화한 계획과 그 계획이 실행된 이후에 예상되는 문제점까지도 미리 대비할 수 있게 해준다. 만일 그 회의가 직급이나 위계에 따른 압박감을 느끼지 않고 누구라도 자유롭게 이야기하는 자리라면 그 효과는 더더욱 크게 나타난다.

이처럼 우리는 일상의 모든 관계에서 말로 소통하고, 말을 통해 여러 가지 문제를 해결한다. 말은 우리의 감성과 생각을 전달해주고, 타인의 감정과 생각을 알게 해주는 중요한 도구다. 하지만 단순히 사람과 사람 사이에 말이 오가는 것만으로 모든 소통이 원활해지지는 않는다. 분명히 말이 오고 가는 상황이었음에도 갈등이 커지거나, 문제가 해결되기는커녕 오히려 산으로 가는 일도 비일비재하다. 화해하기 위해 '이야기나 한번 해보자'고 했던 만남이 갈등의 최고조에 이르러 서로 등을 돌리고 헤어지는 경우를 생각해보라. 대부분 '말이 통하지 않는다'로 끝나는 그런 상황에서는 단순히 말을 주고받는 행위가 중요한 것이 아님을 쉽게 알 수 있다.

'말이 통하지 않는다'는 것은 소통 실패와 더불어 관계 단절을 의미한다. 관계 단절은 고립이거나 반목이거나 분쟁으로 이어지고, 이것은 곧 공동체의 위기와도 연결된다. 그러므로 우리가 말을 할 때는 잘 통하게 하는 것이 중요하다. 나의 감정과 생각을 잘 전달하면서도 타인이 나의 말에 귀 기울이고 마음을 열 수 있도록 하는 것, 그것이 말을 잘 하는 것이고, 그것이 서로를 통하게 하는 대화가 된다. 그래 야만 "사람들 사이에 섬이 있다. 그 섬에 가고 싶다"라고 한 정현종 시인의 시구처럼 사람과 사람을 연결해주고 보듬어 주는 말 본연의 기능을 찾아낸다. 그리고 이러한 말 쓰임새 를 찾아주는 것이 앞으로 이야기할 리터러시 교육의 중요 한 부분이다.

●

쓰기의 용도

　말하기가 소통의 제일선에서 활용된다면 쓰기는 좀
더 형식적이고 제도화된 방식으로 소통하고자 할 때 폭넓
게 활용된다. 친구와의 주말 점심 약속은 말로 하지만, 거
래처와의 미팅이나 중요한 면담이 걸린 약속은 대부분 메
일이나 문자로 다시 확인한다. 이것은 발화와 동시에 휘발
되는 말과 달리 기록으로 남겨지는 글자의 속성 때문이다.
그래서 우리 삶에서 객관적 입증이 필요한 중요한 사건들
은 대부분 서류를 통해 인정된다. 결혼을 하거나 졸업을 하
거나 집을 사거나 하는 모든 일에는 서류가 따라온다. 결혼

했다거나 졸업했다는 말만으로 그 사실에 대한 사회적 인정이 이루어지지 않는다. 그러므로 같은 의사소통 도구라고 하더라도 쓰기의 경우는 제도화된 소통의 일환으로 활용되는 경우가 더 많다. 물론 친구에게 쓰는 사적인 편지는 예외다.

하지만 모든 글이 다 위와 같은 목적으로만 쓰이는 것은 아니다. 내가 좋아하는 작가인 조지 오웰의 에세이 『나는 왜 쓰는가』(한겨레출판, 2010)에는 작가가 글을 쓰는 여러 목적이 나온다. 그 스스로 밝혔듯 조지 오웰에게 있어 글쓰기의 가장 큰 목적은 전 생애에 걸쳐 전념을 다해 투신했던 정치적 실천과 관련된 것이었다.

한편 작가 지망생들을 대상으로 한 글쓰기 수업에서 다룬 내용을 엮은 책 『쓰기의 감각』(웅진지식하우스, 2018)에서 앤 라모트는 글쓰기를 현재 벌어지고 있는 일에 주의를 기울이고 그것으로 소통하는 법을 배워 나가는 것이라고 말한다. 이것은 글쓰기를 통해 위로받는다는 그녀의 또 다른 서술[1]과도 관련이 있는데, 꼭 작가가 아니더라도 자신이 처한 현재 상황을 냉정하게 살펴보고 객관화해보거나 같은 경험을 가진 다른 이들과 소통하는 방법으로 글쓰기를 원하는 사람들이 많다.

결국 목적은 달라도 쓰기의 궁극적인 용도는 내가 살아가는 사회와의 소통이다. 비밀스러운 일기가 아니라면 말하고자 하는 것을 좀 더 정돈된 형태로 보여주고 싶을 때 우리는 글을 쓴다. 이런 목적에서 쓴 글은 에세이나 칼럼이 될 수도 있고, 시나 소설 같은 예술 작품이 될 수도 있으며, 게시판이나 블로그 같은 곳에 쓰는 딱히 정해진 형식이 없는 글이 될 수도 있다. 다른 한편으로 우리가 살고 있는 사회의 승인이 필요할 때 사회가 요구하는 양식의 글을 쓰기도 한다. 취업에 필요한 이력서나 자기소개서는 후자의 예다. 또 관공서에서 요구하는 각종 서식에 맞춘 글도 여기에 포함된다.

그런데 전자와 후자의 글쓰기는 서로 다르다. 또 같은 전자의 경우라고 하더라도 주제에 따라, 어떤 형식을 취하느냐에 따라 글쓰기 방향은 달라진다. 사실을 알리고자 하는 글에 객관적인 사실 정보가 나타나지 않거나 신뢰할 수 없는 정보를 담고 있다면 그 글은 사실을 알고자 하는 사람들에게 수용되지 않을 뿐만 아니라 잘 쓴 글이라고도 할 수 없다. 마찬가지로 공감을 불러일으킬 목적으로 쓴 글에 자기 감정이 보이지 않고 원론적인 이야기만 반복된다면 그 역시 공감을 얻지 못하고 읽히지 않는 글이 될 가능성이 크다.

그러므로 온전한 소통을 위해서는 말하기 기술만큼이나 글쓰기 기술도 필요하다. 이제는 기술 발전에 따라 글을 쓰는 매체가 변했고, 이 변화에 따라 매체를 이해하고 활용하는 능력까지도 글쓰기 역량에 포함되는 상황이 되었다. 예전에는 종이로 된 인쇄 매체가 글을 실어 나르는 주요한 매체였다면, 정보 통신 기술이 초절정 시기를 맞은 오늘날에는 인터넷과 컴퓨터로 연결된 다양한 디지털 공간이 글을 유통하는 매체로 자리매김했다. 군터 크레스Gunther Kress가 언명한 대로 디지털 텍스트는 '우리 시대의 캔버스'[2]가 되었으며 우리 사회는 더 이상 하나의 매체와 단일한 양식으로 소통하는 것이 아닌 다양한 매체와 양식을 통한 멀티 모달리티multi modality의 시대로 전환되었다.

•

알쏭달쏭한 낱말, 리터러시

리터러시라는 용어는 많이 듣고 많이 사용하는 말임에도 불구하고 설명하기 어렵다. 리터러시는 문해력文解力이나 문식성文識性과 같은 뜻일까? 디지털 리터러시digital literacy나 미디어 리터러시media literacy는 리터러시와는 다른 역량을 가리키는 것일까? 이 물음에 명쾌하게 대답하기 어려운 이유는 리터러시라는 용어가 매체와 이론의 변화에 따라 그 개념과 적용이 다른 데서 비롯된 혼란 때문이다. 그럼에도 불구하고 리터러시가 영어에서 '글을 읽고 쓸 수 있는 능력'을 뜻하는 단어로 오랫동안 사용되어 온 역사를 생각해볼 때 문해력과 문식성 그리고 리터러시는 같은 개념으로 이해해도 무방하다.

세 단어 중에서 문해력이 가장 먼저 사용되었다. 문해력은 사회생활에 참여할 수 있는 기초적인 능력으로 글을 읽고 쓸 수 있으며, 간단한 수리적 연산이 가능한 기능적 리터러시functional literacy에 초점을 두고 대중적으로 사용되는 경향이 있다. 반면 문식성은 주로 학문적인 영역에서 정의되고 사용되었다. 한국에서 처음으로 'literacy'를 문식성으로 번역해서 소개한 논문에 따르면 리터러시는 "글을 배워 알고 더 나아가 이를 활용하여 지식과 정보에 접근하고, 이를 분석·평가·소통하며 개인과 사회의 문제나 과제를 해결하는 능력"[3]이다. 이는 의사소통이라는 기본 역량에서 한발 더 나아가 비판적 사고와 문제 해결 능력을 포함해서 정의한 것이다.

한편 최근에는 매체 발달과 다양한 함의에 따른 논란을 고려해 한국어로 번역하지 않고 그대로 리터러시를 사용하기도 한다. 이는 인쇄 매체뿐 아니라 영상과 이미지 등 다양한 디지털 매체를 고려했을 때 과연 '읽는다'란 것이 활자에만 국한될까 하는 점과 언어마다 사용되는 맥락과 표현이 다르며 같은 언어를 사용하더라도 상황과 개인의 사회문화적 배경에 따라 그 활용이 달라질 수 있음을 무시하고 리터러시를 단일하게 적용할 수 있는가 하는 질문에 잇닿아 있다. 그러므로 변화하는 매체와 사회문화적 맥락을 고려했을 때 리터러시를 단일하게 적용하고 정의하는 것은 가능하지 않다. 이 책에서는 이처럼 리터러시가 가진 복잡하고 다층적인 함의와 매체와의 연계를 고려해 최근 경향을 따라 한국어로 번역하지 않고 리터러시라는 용어를 그대로 사용하였다.

리터러시라는 용어의 개념과 사용에 따르는 혼란은 전적으로 단어가 가진 모호함 때문이다. 그렇다면 그 모호함은 어디서 연유하는 것일까? 대략 두 갈래로 그 이유를 살펴볼 수 있는데, 우선 리터러시 개념을 정의하는 상반된 두 입장이 있다. 리터러시를 누구나 교육과 학습을 통해 배우고 익힐 수 있는 인지적 기술이라고 보는 자율 모델autonomous model과 리터러시가 단순히 문자 해독이 아닌 상황과 맥락이 동반된 인식 형태이자 각 사회집단의 문화와 이데올로기가 반영된 사회문화적 특징이라고 보는 이데올로기 모델ideological model이 그것이다.

자율 모델은 최근 한국 사회에서도 논란이 되었던 능력주의와 유사한 측면이 있다. 능력주의는 자신의 재능과 노력이 허용하는 한 모든 사람에게 성공할 평등한 기회를 보장하는 것에 중점을 둔다. 더불어 재능과 노력이 뛰어난 사람이 그에 따른 보상을 누리는 것은 당연하다고 본다. 그러나 좋은 부모, 넉넉한 재산, 선천적 재능처럼 개인이 선택할 순 없지만 능력이 형성되는 여러 조건을 고려하지 않고 성공을 오직 개인 능력에 따른 것으로 여겨 차별을 정당화하고 사회 불평등을 고착화한다는 비판을 받는다.

능력주의와 마찬가지로 자율 모델 역시 리터러시를 특정한 사회적 맥락에서 분리될 수 있는 자율적이고 중립적이며 보편적인 개인의 심리적 기술로 본다. 자율 모델은 리터러시가 그 자체로, 즉 자율적으로 개인의 사회적·인지적 실천에 영향을 준다고 가정한다. 때문에 가난한 사람, 문맹인 사람 혹은 그런 조건에 있는 마을이나 농촌 젊은이들이 리터러시를 습득하면 애당초 그들의 문맹 요인이던 사회·경제적 조건과 상관없이 인지적 기량skill이 강화되고 경제적 전망이 개선되며 더 나은 시민이 되는 데 영향을 준다고 본다. 이러한 자율 모델 관점은 이후 유네스코UNESCO나 월드뱅크World Bank 등이 진행한 국제적인 문맹 퇴치 캠페인에 영향을 주었다.

반면 이데올로기 모델은 리터러시란 사회적 맥락 속

에서 규정되고 그 맥락 안에는 이미 특정 이데올로기가 포함되어 있어 중립적이거나 단지 기술적인 것으로 분리해서 볼 수 없다고 주장한다. 이데올로기 모델에 따르면 리터러시 속에는 사회적으로 구조화된 인식론적 원칙이 내재해 있다. 직장, 학교, 가정 같은 사회 단위 속에서 실천되는 리터러시 역량은 서로 다르며 그 안에는 각 사회가 규정한 질서와 개인의 정체성, 행동 양식, 때로는 신념과 가치관에 이르기까지 다양한 요소가 개입된다.

리터러시 개념에 있어 가장 급진적인 견해라고도 볼 수 있는 비판적 리터러시critical literacy는 파울로 프레이리Paulo Freire의 교육 이론을 따라 단순히 단어word를 읽는 것이 아니라 비판적인 세상world 읽기가 가능하도록 하는 것이 리터러시 교육 목표가 되어야 한다고 주장한다. 이것은 김성우가 세계를 인식하고 지식을 구성하며 자신의 정체성과 관계 맺기 양상을 구성하는 방식으로 리터러시를 표현했던 것과도 맞닿아 있다.[4] 이러한 견해에서는 소통이 가능하다는 것만으로 리터러시를 습득했다고 보지 않으며, 의사소통이라는 기본 전제에 더해 사회와 삶에 바람직하게 기능할 것을 요구한다. 따라서 일군의 학자들[5]에 따르면 리터러시는 그 개념이나 실천에 있어 이론의 여지가 있고, 특정 세계관 또는 타자를 주변화하거나 지배하려는 욕망에 근거하고 있기에 늘 '이데올로기적'일 수밖에 없다.

두 번째로 리터러시 개념에 혼란을 주는 모호함은 정보 통신 기술 발전이 가져온 매체 다변화와 관련이 있다. 의사소통을 매개하던 매체가 문자부터 동영상까지 다양하게 변하면서 단순히 글자를 읽고 쓸 수 있다는 것만으로 의사소통이 가능하냐는 문제가 대두된 것이 리터러시 개념의 모호함을 가져온 또 다른 이유다.

오늘날 우리는 정보 통신 기술 발달에 따라 생활 전반이 디지털 환경으로 재편된 세상에 살고 있다. 손으로 써서 전달하던 메모는 휴대폰 메시지나 컴퓨터 채팅으로 대체되었고, 쇼핑에서 채용 면접까지 일상에서 하는 중요한 사건들조차 온라인으로 이루어진다. 그리고 이에 따라 글자에 대한 독해뿐 아니라 매체에 동반되는 기술과 맥락에 대한 이해까지도 의사소통에 필요한 역량이 되었다.

특히 의사소통을 매개하는 도구로 매체의 변화는 컴퓨터와 인터넷이 등장한 이후 완전히 새로운 국면에 접어들었다. 20세기 이후 등장한 가장 새로운 매체인 컴퓨터는 오늘날 우리 일상에서 떼어놓고 생각할 수 없는 범용적인 매체가 되었다. 컴퓨터는 디스플레이 기술 발전에 따라 기존 텍스트 외에 다양한 형식의 정보를 간단하게 대량으로 입력하고 출력할 수 있게 만들었다. 그리고 인터넷은 컴퓨터가 처리하는 많은 정보를 쌍방향으로 주고받을 수 있게 함으로써 대중매체를 통한 기존 정보 유통 방식을 변화시켰다. 매체를 통해 동일한 정보를 대중에게 흩뿌리는 것이 아니라 서로 정보를 변형하고 주고받을 수 있게 함으로써 개인과 집단 사이 커뮤니케이션 방식을 바꾸어놓았다.

무엇보다 이 둘의 결합으로 인해 여러 매체가 하나로 연결된 멀티미디어가 탄생했다. 오늘날 우리가 접하는 디지털 매체는 대부분 멀티미디어라고 해도 과언이 아니다. 기사에 동영상을 결합한 인터넷 신문, 영상을 함께 제공하는 보이는 라디오, 방송, 영화 등은 모두 매체가 뒤섞인 멀티미디어이자 콘텐츠다. 순수한 활자 매체로 보이는 책조차 디지털 기술이 개입하면 쉽게 다른 매체 요소와 상호 연관이 가능해진다. 우리는 인터넷으로 연재되는 소설을 읽으면서 하이퍼링크 기술을 활용해 소설에 묘사된 지명이나 인물 사진, 그림을 참조할 수 있고 주인공이 듣는 음악을 들어볼 수 있다.

멀티미디어로의 변화는 텍스트나 이미지 같은 매체뿐만 아니라 그것들을 처리하고 연결하는 디지털 기술에 대한 이해력도 필요하게 만들었다. 즉 달라진 매체에 대해 이전과는 다른 독해력과 표현력이 필요해진 것이다. 이제 특정 매체를 읽고 그 맥락을 이해한다는 것은 매체의 내용을 이해할 뿐만 아니라 그 매체 특성을 알고 상황에 맞게 매체를 활용할 수 있어야 함을 의미하게 되었다. 이메일을 사용하기 위해서는 이메일을 쓰기 위한 컴퓨터 프로그램을 사용할 줄 알아야 하고, 온라인 플랫폼에서 제공되는 영상을 보기 위해서는 해당 사이트에 접속하는 일뿐만 아니라 필요한 앱을 설치할 수 있어야 온전한 의사소통이 가능해지는 환경이 된 것이다.

이러한 과정에서 기존 리터러시와 구분해 디지털 리터러시, 미디어 리터러시 같은 용어들이 고안되었다. 디지털 리터러시와 미디어 리터러시는 디지털 매체와 기술에 대한 이해와 활용을 강조하면서 생겨난 개념이기 때문에 두 용어 간 구별이 모호한 측면이 있다. 주로 매체의 관점을 강조하는 입장에서는 디지털 리터러시를, 메시지의 관점을 강조하는 입장에서는 미디어 리터러시를 사용한다.

이후 뉴 리터러시new literacy[6] 연구와 멀티 모달리티[7] 개념 수용 등 일련의 논란을 거치면서 멀티 리터러시multi literacy가 기존의 다양한 리터러시 개념을 수렴하는 양상이다. 최근 들어 '리터러시는 곧 멀티 리터러시'로 이해하기도 하는데 상황적 맥락, 문화적 관습, 몸짓과 표정 같은 비언어적 요소가 커뮤니케이션에서 차지하는 영향을 고려할 때 이 표현은 과하지 않다. 오히려 멀티 리터러시 개념이 일반적으로 수용된다면 훨씬 더 리터러시 개념이 명쾌해질지도 모른다. 멀티 리터러시 개념을 수용했을 때 리터러시는 '맥락과 문화적 관습을 포함한 모든 비언어적 요소를 망라하여 다양한 매체를 통해 의사소통하는 능력'으로 재정의할 수 있다.

●

말만으론 알 수 없다

멀티 리터러시 개념의 핵심은 비언어적 요소에 있다. 단순히 의미만을 전달하고자 할 때 말과 글은 그 자체로 훌륭한 소통 도구다. 하지만 말과 글만으로 충분하지 않은 그 무엇이 있는데, 그것은 상황적 맥락이거나 말과 글을 실어 나르는 매체 특성이거나 특정한 사회만이 가진 관용적 언어 습관이거나 말과 글에 따르는 몸짓이나 표정이다. 단순히 무슨 뜻인지를 아는 것이 아니라 왜 그런 이야기를 하는지 아는 것이 중요하다면 말과 글만으로는 충분하지 않은 상황도 있다.

많은 경우 우리는 내용의 진의를 말보다는 그 말을 하는 사람의 표정이나 몸짓, 그 말이 전해지는 장소에서 느껴지는 분위기 등으로 파악한다. 누군가에게 선물을 주었을 때 선물을 받은 사람은 말로 고마움을 표시하겠지만 정말 그 선물을 달가워하는지는 그 사람의 표정이나 신물을 받는 몸짓, 말의 높낮이 같은 비언어적 요소를 통해 파악한다. 또 분위기나 상황, 직위 등에 어울리지 않는 어법을 구사한다면 그 또한 제대로 된 진의를 전달하기 어렵다. 결혼식에는 결혼식에 어울리는 말과 표정, 장례식에는 장례식에 어울리는 말과 표정이 있듯 한 기관이나 단체를 대표하는 사람의 언어와 몸짓은 말하고자 하는 내용에 신뢰를 주는 방식으로 표현되기를 기대한다.

이는 담론과 리터러시 그리고 언어의 관계를 고찰한 제임스 폴 지James Paul Gee가 제시한 사례[8]에서도 드러난다. 그는 만일 집 근처 허름한 바에서 술을 마시는 문신 가득한 남자에게 "실례합니다만 담뱃불 좀 빌려주시겠습니까?"라고 극존칭 언어로 이야기한다면 문법이 완벽하더라도 틀렸으며, 그렇다고 해서 잘 다림질한 새 옷에 더러움이 묻을까 봐 의자에 냅킨을 깔면서 "어이, 담뱃불 좀 주지?"라고 이야기하는 것도 맞지 않다고 말했다. 사람들이 종종 언어를 문법으로 오해하지만 아무리 문법에 통달한 사람이라도 어떻게 언어를 사용해야 하는지를 아는 것은 다른 문제다. 따라서 위의 예시는 리터러시란 언어 활용에 따르는 부수적인 담론을 유창하게 혹은 숙련되게 통제하는 능력이라는 그의 주장을 압축해서 보여준다. 그에 따르면 리터러시는 의복, 몸짓, 행동, 특정한 도구, 말, 문자, 이미지, 음악 등과 어울려 정체성을 반영하므로 때와 장소에 맞게 말하고 행동하는 것이 곧 제대로 된 리터러시를 갖춘 것이 된다.

또 언어만으로 전해지지 않는 정보는 맥락을 이해하면 찾을 수 있다. 가끔 도대체 왜 그런 말을 했을까 하고 궁금한 상황이 생긴다. 이런 상황은 십중팔구 숨겨진 맥락이 존재한다. 데이트하던 젊은 커플이 100일째 만남을 기념해서 외식 계획을 세웠는데 갑자기 둘 중 누군가 자장면이나 먹자고 말한다면 사건의 앞뒤를 살펴봐야 한다. 분명 이전에 마음 상한 상황을 겪었을 가능성이 크다. 다른 사례로 최근 112로 전화해 수육국밥을 주문한 데이트폭력 피해 여성을 구출한 사건이 있다.[9] 이 역시 범죄 신고와 수육국밥이라는 뜬금없는 조합을 연결해 맥락을 유추한 경찰 덕분에 해결할 수 있었다. 이처럼 맥락은 표면적 정보가 아니라 숨겨진 정보를 종합적으로 이해하려 할 때 중요한 요소가 된다.

우리가 흔히 사용하는 '읽는다'는 표현도 마찬가지다. 흔히 '읽는다'고 하면 종이에 인쇄된 활자를 먼저 떠올린다. 그러나 '읽는다'는 말은 단순히 글자를 읽는 것 이상의 의미를 가질 때가 많으며, 이런 사례는 여러 문화권에서 비슷하게 나타난다. 누군가의 기분을 살피고 싶을 때 우리는 '마음을 읽는다'는 표현을 쓰기도 하고, 상황에 어울리는 대처를 고민할 때 '분위기를 읽는다'고 표현하기도 한다. 공교롭게도 일본어 표현 가운데 '空気を読めない'라는 표현이 있다. 글자 그대로 해석하면 '공기를 읽지 못한다'가 되겠지만 사실은 '분위기 파악을 못 한다'는 뜻이다. 같은 표현으로 영어에도 'read the room'이라는 문장이 있다. 이것도 '분위기 파악 좀 하라'는 뜻으로 사용된다.

이러한 예로 본다면 '읽는다'는 것은 활자나 기호 같은 상징의 의미를 아는 것을 넘어 그것들이 사용되는 상황적 맥락을 구분하는 능력을 뜻한다고 볼 수 있다. 그러므로 올바른 리터러시란 언어에만 국한되지 않고 대화의 맥락과 상황 등을 종합적으로 파악해 의사소통하는 능력이 되어야 한다.

●

리터러시 신화

리터러시가 글자를 읽고 쓸 수 있는 능력이라는 단편적인 정의에서 벗어나 지금처럼 종합적인 의사소통 능력을 지칭하는 것으로 발전하기까지 지난한 논란의 역사가 있었다. 제임스 콜린스James Collins는 리터러시를 문자에 집중해서 구술문화와 대비해 문명으로 가는 '지성의 기술'로 파악했던 경향이 주로 세 그룹에서 나타났다고 보았다. 리터러시의 진화적 결과를 연구한 인류학자들이나 인쇄술을 연구한 역사가들의 초기 연구 그리고 문맹자와 비문맹자 간 인식 차이를 비교하거나 역사적으로 고찰하는 데 관심 있던 심리학자들이 그에 속한다.

사회인류학자인 잭 구디Jack Goody와 인문학자인 월터 옹Walter Ong, 심리학자인 데이비드 올슨David Olson 등이 이에 해당한다. 세부적으로 차이가 있지만 이들은 언어와 관련해서 문자성, 특히 '쓰기'에 주목했다. 이들은 쓰기가 인간의 사고를 변화시키고 사회적 행위를 조정하도록 하는 기술이라고 봄으로써 문맹과 비문맹, 현대와 전통, 교육받은 자와 교육받지 못한 자, 구술과 기술記述 등 이분법적 리터러시 연구 경향을 나타냈다.

옹의 경우 인간의 사고에 있어 분석적인 엄밀함을 요구하는 감각은 쓰기에 의해 비로소 생겨나고 내면화되었다고 보았으며, 리터러시를 구술성에 대비되는 문자성의 개념으로 사용했다. 구디 역시 신화와 역사의 구분, 의견과 진리의 구분, 전통에의 순응과 전통에 대한 회의적인 태도가 모두 글쓰기를 통해 구분됨으로써 전통적인 지식과 문화의 변화가 가능했다고 주장했으며, 올슨은 인간은 말로써 인간다워지고 글로써 문명화된다고 표현하여 위 주장을 압축했다.

그러나 콜린스의 지적대로 이러한 견해들은 구술과 문자 사이에 당초 형성된 명확하고도 누적된 차이가 있다고 가정하는 경향을 띠며, 서양의 리터러시 논의가 다른 사회와 비교하기 어려운 다소 예외적인 것이었다는 점에서 우려를 낳았다.

문자를 사용하지 못하는 것은 아직 발전하지 못한 상태에 있는 것이며, 문자를 깨우침으로써 개인의 삶은 물론 공동체의 경제적인 상황까지도 개선한다는 자율 모델 이론의 오랜 믿음은 성인 문해 교육 정책과 문맹 퇴치 운동에 영향을 끼쳤다. 자율 모델 이론은 개인의 성장과 사회적 발전을 한데 묶어 리터러시를 계몽된 사회로의 진보에 꼭 필요한 수단으로 인식한다.

특히 언어와 문화적 배경이 다양한 이민자의 유입이 많았던 미국에서는 영어에 능통하지 않은 저학력 이민자에게 새로운 삶을 영위할 능력과 기술을 갖출 기회를 제공하고, 국가 노동력으로 활용하는 데 필요한 기본 소양을 갖춘 시민을 양성한다는 목적에서 성인 문해 교육에 관심을 기울였다. '경제 기회 법령Economic Opportunity Act'(1964)을 제정해 학력이 낮거나 글을 읽지 못하는 성인이 고용에 필요한 최소한의 능력을 갖출 수 있게 지원하는 것을 제도화했으며, 이후의 정책 기조에서도 성인에 대한 문해 교육은 고용 능력 향상이라는 경제적 목표로 수렴되는 양상을 나타냈다.

고용 능력 향상을 통한 개인 삶의 질 개선이라는 성인 문해 교육의 목표는 개발도상국을 대상으로 문맹 퇴치 운동을 벌여온 국제기구에서 더 분명하게 나타난다. 주로 저개발국가의 문맹 퇴치를 지원하는 유네스코는 리터러시를 다양한 맥락과 결부된 '인쇄되고 글로 쓰인' 자료를 식별·이해·해석·창조하고 이를 활용해 의사소통하고 계산하는 능력으로 정의한다. 60여 년 이상 유네스코의 리터러시 활동 궤적을 추적했던 데이비드 와그너David D. Wagner에 따르면 유네스코는 1946년 설립 당시부터 교육과 인권 관련 어젠다의 최상위에 리터러시를 두었고 이후로 줄곧 국제적인 리터러시 증진을 핵심 미션으로 유지해왔다.

유네스코는 1946년 세계 인권 선언의 일부로 리터러시를 교육 미션의 최정점에 두었고, 이후 1975년 페르세폴리스 선언10에서 기본적인 인권으로서 리터러시 증진에 대한 지속적인 지지를 천명했다. 이후 1990년과 1997년 두 차례에 걸쳐 리터러시가 모든 사람의 학습 욕구를 충족시키기 위한 기본적인 학습 도구이며 급변하는 사회 속에서 갖추어야 할 기본 지식이자 기술이라고 선언하였다. 이처럼 유네스코는 리터러시 운동에 있어 주도적인 국제기구 역할을 고수해왔다. 유네스코는 학교 교육에 잘 적응하도록 하는 필수적인 기본 교육으로서 어린이에 대한 리터러시 증진과 비정규 교육 프로그램을 통한 성인 리터러시 증진이라는 두 갈래 방향으로 리터러시 운동을 진행해왔다.

유네스코가 개발도상국의 문맹 탈출과 관련된 어젠다의 발굴과 캠페인에서 독보적인 위치를 차지했다면, OECD는 성인 리터러시의 측정과 관련해 선도적인 역할을 인정받았다. OECD는 국제학업성취도평가PISA[11]와 국제성인역량조사PIAAC[12] 등에 사용된 리터러시 측정을 기반으로 주기적으로 국제적인 리터러시 비교 통계를 발표하고 있다.

캐나다와 미국 등은 1990년대부터 이전에 유네스코가 발표했던 국가별 문맹 통계 대신 이를 활용하고 있으며, 한국도 두 조사에 꾸준히 참여하고 있다. 가장 최근 결과를 보면 국제학업성취도평가의 경우 읽기, 수학, 과학 세 영역에서 모두 OECD 국가보다 높게 나타났다. 국제성인역량조사의 경우 언어능력은 OECD 평균 수준이었고 수리력, 컴퓨터 기반 문제해결력은 OECD 평균보다 낮은 것으로 나타났다.

종종 국내 언론에서 인용하는 '실질 문맹률'이란 표현은 OECD 리터러시 측정 결과를 토대로 한다. 진정한 문해

국제학업성취도평가(PISA) 영역별 순위와 평균 점수 추이

영역	연구 주기 / 참여국 수 (OECD 회원국 수)		PISA 2000 43개국 (28개국)	PISA 2003 41개국 (30개국)	PISA 2006 57개국 (30개국)	PISA 2009 75개국 (34개국)	PISA 2012 65개국 (34개국)	PISA 2015 72개국 (35개국)	PISA 2018 79개국 (37개국)
읽기	평균 점수		525	534	556	539	536	517	514
	순위	OECD	6	2	1	1~2	1~2	3~8	2~7
		전체	7	2	1	2~4	3~5	4~9	6~11
수학	평균 점수		547	542	547	546	554	524	526
	순위	OECD	2	2	1~2	1~2	1	1~4	1~4
		전체	3	3	1~4	3~6	3~5	6~9	5~9
과학	평균 점수		552	538	522	538	538	516	519
	순위	OECD	1	3	5~9	2~4	2~4	5~8	3~5
		전체	1	4	7~13	4~7	5~8	9~14	6~10

OECD 국제학업성취도평가 비교 연구(PISA 2018) 결과 발표, 교육부 보도자료, 2019

국제성인역량조사(PLAAC) 한국 및 OECD 평균

구분	언어능력		수리력		문제해결력	
	16~65세	16~24세	16~65세	16~24세	16~65세	16~24세
한국	273	293	263	281	30%	63.5%
OECD 평균	273	280	269	271	34%	50.7%

※ 문제해결력은 컴퓨터 사용 능력이 없는 사람들의 경우 제외되었으므로 평균 점수를 비교하지 않고, 단위: 점수, %
상위 수준(2수준 및 3수준)에 속한 사람들의 비율로 비교함

2013년 OECD 국제성인역량조사 결과 발표, 외교부 주OECD 대한민국 대표부

력을 갖추려면 단순히 글자를 읽고 쓰는 것에 그치지 않고 맥락과 상황을 이해한 읽고 쓰기가 이루어져야 하지만 이에 미치지 못하고 있다는 비판의 의미로 쓰인다. 국제성인 역량조사는 조사 목적에 나타나듯 사회 참여와 경제 활동을 위해 성인이 갖추어야 할 역량과 스킬을 측정하며, 궁극적으로는 역량과 일자리 간 미스매치를 줄여 노동생산성을 향상시키는 것이 목적이다. 그렇기 때문에 유네스코와 OECD가 리터러시 문제에 접근하는 태도는 앞서 기술한 자율 모델과 잇닿아 있다.

그러나 리터러시 습득이 경제 발전과 민주적인 실천뿐만 아니라 인지력과 사회적 신분 상승까지도 가능하게 한다는 믿음은 미국의 교육사학자인 하비 그라프Harvey J. Graff로부터 '단지 신화일 뿐'이라는 비판을 받았다. 그리고 그의 책 제목이었던 '리터러시 신화Literacy Myth'는 이러한 현상을 가리키는 용어가 되었다. 리터러시를 가난으로부터의 탈피나 경제 성장과 연결 짓는 리터러시 신화에 대한 비판적 입장은 이후로도 그라프뿐 아니라 다른 학자들을 통해 꾸준히 제기되었다.

1980년대 이후 일군의 민족지학자들을 중심으로 등장한 '뉴 리터러시' 연구는 이러한 움직임을 대표한다. 그

가운데서도 언어학자인 브라이언 스트리트Brian V. Street는 단연 두드러진 비판자였다. 그는 자율 모델에 반해 리터러시를 제도적 상황과 문화적 관행에 따라 정의되고 내재된 것으로 이해하는 이데올로기 모델을 주장함으로써 뉴 리터러시 연구의 선두 주자가 되었다.

스트리트는 언어를 배우는 데 있어 교사나 촉진자, 학생들 사이의 상호작용은 권력관계에 따라 영향받을 수 있기 때문에 리터러시가 중립적으로 주어지고 이후의 경험에 의해서만 사회적인 영향을 받는다는 견해는 타당하지 않다고 보았다. 더불어 그는 대부분의 인류학자뿐 아니라 리터러시 문제에 뚜렷한 관심이 없는 분야에까지도 큰 영향을 미쳤던 구디의 이론에 대해서 리터러시가 발현되는 사회질서의 특성이 리터러시 그 자체의 성격을 결정짓는다는 사실에 대한 사회학적 상상력이 결핍되어 있다고 비판했다.

그럼에도 불구하고 리터러시 신화는 여전히 지속되고 있는 것으로 보인다. 그라프는 2010년 「The Literacy Myth at Thirty」라는 논문에서 자신이 리터러시 신화라는 용어를 언급했던 이후 지난 30년 동안 여전히 시대적이고 문화적인 맥락의 고려 없이 리터러시 결핍이 경제적·사회적 성취 및 민주주의 발전을 가로막는 결과를 가져온다고 주장하는 리터러시 신화의 입장이 공고하게 편재하고 있음을 지적했다.

그래프에 따르면 리터러시 신화를 강화하는 축은 경험적 증거에 기반을 두기보다 오히려 과거의 향수와 개인적인 일화, 선별된 몇몇 사례에 기대어 리터러시 결핍 혹은 리터러시의 추락을 과장하는 경향이 있다. 그는 신화가 기본적으로 가치관이 반영된 서술에 기반한 것이라는 점을 지적하고 리터러시의 경우 구술과 문자, 문맹과 문해, 문명과 야만 등 대립되는 가치들의 이분법적인 구분을 통해 신화 체계가 강화되었고, 리터러시와 경제적 성공을 연결 짓는 추론은 서구 산업화 이론의 초석 중 하나이기에 더 쉽게 호응을 얻고 신화적인 체계로 수용되었을 것으로 보았다.

또한 그래프는 리터러시와 교육이 민주적인 담론과 실천을 자극하기는 하지만 오히려 그동안 정치적 억압과 불평등한 사회 조건들을 유지하는 데 사용되었다는 점을 지적하고 리터러시에 대한 재개념화를 제안했다. 리터러시는 사회적이고 역사적인 맥락에 따라 그 중요성과 영향력이 제한되며, 리터러시가 보편적이고 독립적이며 결정적이라는 리터러시 신화에서 나타나는 공고한 확신 대신 커뮤니케이션 매체와 기술 중 하나로 이해되어야 한다고 한 그의 주장은 현재의 리터러시 논의와 적용에 대한 이해의 실마리를 제공한다.

2

리터러시는
사회 안에서 다듬어진다

·

매체라는 거울

　정보를 유통하고 커뮤니케이션을 매개하는 기술이자 도구로 문자에 의지하다가 인간의 여러 감각을 활용하는 다양한 매체로 발전한 것은 비교적 최근이다. 특히 19세기 이후 급격한 기술 발전은 매체에 획기적인 변화를 가져왔다. 19세기 후반과 20세기 초에 등장한 라디오와 TV는 인쇄 매체와 달리 이미지와 소리로 구성된 비활자 정보를 시공간 제약 없이 접할 수 있게 했다. 이로써 활자를 통해 상상이나 추론으로 이해하던 정보가 즉각적으로 실제에 가깝게 전달되면서 사회의 커뮤니케이션 방식에도 영향을 미쳤다.

이들 전파 매체는 처음에 활자 매체가 그랬던 것처럼 일반 대중들도 쉽게 정보에 접할 기회를 대폭 확대했으며, 굳이 글을 모르더라도 전달되는 내용을 쉽게 이해하도록 해주었다. 뿐만 아니라 많은 사람이 동시에 같은 정보에 노출됨으로써 정보 유통 속도가 이전보다 빨라지는 효과도 가져왔다. 사람들은 멀리 떨어진 곳에서 열리는 음악회를 라디오로 청취하거나 같은 팀을 응원하는 사람들과 함께 TV로 스포츠 경기를 시청하면서 새로운 매체가 전해주는 경험에 매료되었다.

특히 TV는 공용어 발달에 큰 역할을 함으로써 사회적 커뮤니케이션을 촉진하는 매개체로 자리매김했다. 1800년에서 2000년까지 방대한 유럽 문화사를 집대성한 도널드 서순Donald Sassoon은 이탈리아가 통일된 것은 1861년이지만 언어의 통일은 1960년대에 가서야 주로 텔레비전 덕분에 완성되었다고 썼는데, 서로 다른 언어나 방언을 사용하는 국가뿐 아니라 일상생활의 커뮤니케이션에 사용되는 언어가 TV를 통해 보급되고 학습되는 현상은 보편적이었다. 더불어 활자가 아닌 이미지와 영상, 음악 같은 비언어 매체를 통한 메시지 전달 경험도 제공했다. 이런 면에서 TV는 일상적 리터러시의 균형추 같은 역할을 했다고 할 수 있다.

오늘날에는 정보 통신 기술 발달에 따라 예전에 TV가 하던 역할 대부분이 다양한 플랫폼으로 이동했다. 이제는 휴대폰으로 드라마와 뉴스를 시청하고, 컴퓨터나 태블릿으로 같은 프로그램을 보면서 댓글로 서로 의견을 나눈다. 방송 시간을 지킬 필요도 없고, 장소의 구애도 받지 않으며, 실시간으로 타인과 소통하는 만큼 정보 유통 속도도 빨라지고 범위도 확대되었다. 그리고 그만큼 사용하는 언어와 문법의 파급력도 커졌다. 이제 모든 매체가 리터러시 습득의 장이 되었으며, 매체에 나타난 언어를 통해 사회의 리터러시 수준을 가늠하는 것도 가능해졌다.

예전에는 아이들이 부모나 조부모 같은 양육자들에게서 일상 언어를 배웠다면 이제는 TV 프로그램이나 애니메이션 동영상 같은 콘텐츠를 통해 말을 배운다. 때문에 아이들에게 수용되는 매체 언어가 올바른 리터러시를 반영하고 있지 않으면 그 폐해는 고스란히 아이들의 리터러시 발달에 장애가 된다.

그래서 매체가 다루는 언어에 대한 품질 관리가 필요하지만 현실적으로는 폭발하는 매체의 다양성 때문에 가능하지 않다. 부적절한 용어, 뜻을 알기 어려운 줄임말과 신조어가 대세가 된 방송 언어부터 맞춤법과 문법조차 어긋난 자막에 이르기까지 적절한 게이트 키핑이 사라진 채 대중매체에서 부적절한 말과 글이 사용되는 사례는 셀 수 없이 많다. 게다가 언제부터인가 방송 프로그램에도 곧잘 등장하는 몇몇 신조어와 줄임말이 이제 공익 광고 캠페인에도 사용된다. 청소년을 대상으로 한 금연 광고인 '노담[1] 캠페인'은 내용을 보면 담배를 피우지 말자는 뜻을 알아채지만 '노담'이라는 단어만으로는 무슨 뜻인지 알기 어렵다. 청소년의 언어 습관을 반영한 캠페인의 일환으로 작명된 것으로 그만큼 청소년들 사이에서 줄임말이 대세가 되었음을 보여주는 사례이기도 하다.

매체가 리터러시의 학습과 수준을 가늠하는 장이 된 것은 언어를 배우는 아이들뿐 아니라 각 연령대 모두에게 해당한다. 최근 온라인 공간을 뜨겁게 달구었던 '직조와 명징'[2], '사흘'[3], '심심한 사과'[4] 같은 문해력 논란은 단순히 글자 뜻을 안다 모른다의 문제가 아니라 우리 사회가 얼마나 소통이 어려운 사회가 되었는지, 그 속에서 어떻게 서로의 언어가 소통을 가로막는지를 보여줬다는 점에서 우리 사회의 리터러시 위기를 고스란히 나타내준다. 여러 오피니언 리더들이 지적했지만 직조織造, 명징明澄, 심심甚深 같은 한자

어나 3일을 가리키는 우리말 사흘의 뜻을 모르는 것이 문제가 아니라 모르는 단어를 찾아보려 하거나 뜻을 묻지도 않고 자신이 이해할 수 없는 단어를 사용한다는 이유로 비난하고 비아냥거리며 나와 다른 의견에는 몰매를 가하는 태도에서 보듯 담론談論 가능성이 사라졌나는 것이 더 큰 문제라고 생각한다.

서로의 생각을 알고 나의 의견을 합리적으로 전달하기 위해 말과 글을 사용한다는 것이 리터러시의 전제라고 할 때, 일방적이고 폭력적인 언어로 달구어진 댓글 논쟁이야말로 매체를 통해 드러난 우리 사회 리터러시 수준의 민낯이라고 해도 지나치지 않을 것이다.

●

가르거나 막거나, 소통의 적이 된 말들

외국어를 제외하고 알아들을 수 없는 말로 은어가 있다. 은어는 "특정 부류의 사람들이 비밀, 유희, 친교, 성별 등의 목적으로 공용어에 없는 새로운 표현을 만들어 씀으로써 일반 대중이 쉽게 알아듣지 못하고 은밀함을 느끼게 하는"5 언어다. 따라서 은어는 소통의 대상을 가르는 대표적인 말이 된다.

요즘 우리 사회에서 특히 문제가 되는 은어는 청소년 집단에서 통용되는 저속한 비속어와 결합한 말들이다. 일련의 조사와 연구에서 우려를 제기한 대로 오늘날 청소년 은어는 기성세대와 분리해서 자기들끼리 소통하기 위한 잠깐의 일탈이라고 보기에는 표현이 과격하고 공격적이며 규범 파괴적인 양상을 보인다. 과격하고 공격적인 언어 표현은 학교폭력과도 관련이 있다. 실제로 교육부가 전수 조사한 학교폭력 실태 조사에 따르면 초등학교에서 고등학교까지 전 학교급별로 가장 많이 응답한 피해 유형은 언어폭력(41.8%)이었다.

언어폭력은 신체적 폭력이나 집단 따돌림 같은 직접적인 피해보다 간과되기 쉽지만 우울감, 분노, 수치심 같은 정서적 피해와 극복하기 어려운 심리적 상처를 가져오고 또 다른 사회적·신체적 폭력으로 이어질 수 있다는 점에서 적극적인 대처가 필요하다. 청소년기는 또래 집단의 영향을 가장 크게 받는 시기이기 때문에 친구들 사이에서 소속감을 느끼고 인정받는 것이 무엇보다 중요하다. 이런 맥락에서 청소년들의 은어와 유행어는 그 사용 빈도가 높고 거의 모든 청소년이 보편적으로 사용한다.

청소년의 특성상 특정 용어를 쓰지 못하게 하거나 은어 사용을 제재하는 것과 같은 조치는 한시적인 대책이 될 수밖에 없다. 그보다는 문제 행동의 원인에 대한 근본적 개선이 필요하다. 청소년의 언어 사용에 있어 가장 큰 부정적 요인은 '부모의 언어폭력으로 인한 스트레스'이고, 가장 큰 긍정적 요인은 '또래 간 비공식적 통제'라는 연구 결과[6]는 앞으로 어떤 방향으로 청소년에 대한 언어 교육이 이루어져야 하는지를 시사해준다. 청소년들의 바른 언어생활은 가정이나 또래 집단처럼 그들이 속한 사회의 자정 없이는 이루어지기 어렵기 때문에 말과 글, 대화와 소통에 대한 사회적 인식과 실천이 전반적으로 개선되는 것이 더 중요하다.

은어가 소통의 대상을 가른다면 차별과 혐오를 반영하는 언어는 소통 자체를 가로막는다. 공개적인 멸시와 차별적 배제를 동반하는 이러한 언어는 피해자들의 삶을 피폐하게 하고, 심지어 극단적 선택처럼 영원히 이 사회와 격리되는 결과를 가져오기도 한다. 우리 사회에서 차별과 혐오의 언어는 다양한 계층과 사회적 이슈에 맞물려 나타난다. 김치녀, 꼴페미, 된장녀, 맘충, 한남, 냄져[7]처럼 여성 혹은 남성 커뮤니티를 중심으로 만들어지고 확산한 성별에 따른 혐오 표현이 있는가 하면 개줌마, 개저씨, 틀딱충, 연금충, 잼민이, 급식충[8] 등과 같이 특정 세대를 비하하는 멸칭들도 있다. 짱깨와 흑형은 각각 외국인을 비하하는 표현이며, 개독교는 기독교를, 좌빨과 수꼴은 각각 정치적 지향이 진보와 보수의 극단인 사람들을 싸잡아 비하하는 표현으로 사용된다. 그 외에도 성소수자와 장애인에 대한 혐오 표현도 미디어 등을 통해 자주 노출된다.

혐오 표현의 기저에는 극단의 사회 갈등이 깔려 있다. 경기 침체와 높은 실업률 등으로 최악의 취업난을 겪는 젊은 층들은 박탈감과 불공정에 대한 분노를 혐오 표현에 반영하면서 세대와 성별에 따른 멸칭을 만들어낸다. 또 정치적 성향이 다른 집단 사이에서는 노골적인 멸칭과 비하 단어들이 동일한 정치 지향을 나타내는 인식표처럼 사용된다. 더 심각한 것은 젊은 층을 중심으로 이러한 표현들이 일상화되면서 혐오 표현이라는 인식조차 하지 못한 채 사용된다는 점이다.

굳이 언어가 사고를 지배한다는 언어학자들의 이론을 거론하지 않더라도 우리가 일상적으로 사용하는 언어는 우리의 생각과 행동에 은연중에 영향을 미친다. 혐오 표현의 문제는 단지 표현만으로 끝나지 않는다. 특정 집단에 대한 편견을 만들어내고, 범죄와 폭력으로 이어지며, 개인에게 수치심과 모멸감을 주는 등 인권을 침해할 뿐 아니라 공동체 통합을 저해하고 불안하고 위험한 사회를 만들 수도 있다. 실제로 대부분 증오 범죄의 배경에는 대상이 된 집단을 비하하고 혐오하는 표현이 일반화된 사회적 배경이 있다. 나치가 유대인을 사회적 '기생충'으로 비하하고, 코로나 팬데믹 이후 아시아계 사람들에게 '보균자carrier'라는 꼬리표를 붙였던 인종 차별적 테러도 같은 맥락이다.

　사회 갈등 완화와 해결을 위해서는 담론에 기반한 갈등 주체 간 끊임없는 상호작용이 필요하지만, 혐오 표현은 대화 자체를 가로막아 갈등의 골을 깊게 하고 반목과 분열을 조장한다. 인권 보호나 사회 통합 차원에서 혐오 표현에 대한 강력한 규제를 주장하는 목소리도 있지만 놀이처럼, 유행처럼, 인터넷 공간의 밈meme처럼 번지는 혐오 표현을 법적 규제만으로 효과적으로 걸러낼 수 있을지 회의적이다. 혐오 표현 자체가 심각한 범죄가 된다는 점에서 법률적 조치들이 병행될 수 있겠지만 보다 근본적으로 사회적인 자정 작용이 필요하다. 그리고 이러한 활동의 일환으로 혐오 표현이 만들어지고 퍼지는 주 무대가 된 사이버공간에 필요한 사회 윤리 기준을 세우고, 우리의 말과 글, 대화에 대한 성찰을 토대로 바람직한 교육과 제도를 함께 실행해 나가는 것이 중요하다.

·

나의 문이 너의 벽이 된 디지털 세상

인터넷으로 대표되는 디지털 세상은 장밋빛 전망으로 시작되었다. 많은 정보를 여러 사람이 동시에 접근해서 활용하며, 이전 매체와 달리 쌍방향 통신이 가능하다는 점 때문에 인터넷은 조금 더 세상을 자유롭고 평등하게 만들어줄 획기적인 기술로 인식되었다. 실제로 인터넷은 이전과는 비교할 수 없을 정도로 정보 전달 속도와 양을 빠르고 방대하게 만들었다. 2019년 세계경제포럼은 2020년 초까지 전 세계적으로 생산되는 정보량이 44제타바이트에 이르리라 예측했는데, 제타바이트zetabyte는 1조 1,000억 GB

의 양이며 이는 전 우주에 있는 관측 가능한 별의 40배가량에 해당하는 숫자다. 더불어 2025년이 되면 전 세계적으로 하루에 생산되는 정보량은 463엑사바이트exabyte가 될 것이고, 이는 하루에 2억 1,200만 개 이상의 DVD를 생산하는 것과 같은 양이 된다.[9]

더구나 웹www의 등장은 누구라도 손쉽게 전 세계 정보에 접속할 수 있게 했다는 점에서 개방과 평등이라는 긍정적인 정보 사회 이미지를 강화하는 상징이 되었다. 하이퍼링크와 멀티미디어로 대표되는 웹은 대중의 정보에 대한 접근과 탐색을 이전과는 비교할 수 없을 만큼 편리하게 만들었다. 텍스트뿐 아니라 영상, 이미지, 음향 같은 멀티미디어 정보를 웹 브라우저를 통해 클릭 한 번으로 접근할 수 있고, 하이퍼링크를 통해 쉽게 다른 정보로 이동하면서 여러 정보를 동시에 참조하는 것이 가능해진 까닭이다.

뿐만 아니라 인터넷은 실시간 쌍방향 통신을 가능하게 함으로써 커뮤니케이션 행태도 바꾸었다. 대화나 서신 등으로 소통하던 옛날과 달리 오늘날에는 휴대폰, 컴퓨터 같은 다양한 디지털 기기에 대한 활용이 가능해야만 사회 전반의 커뮤니케이션 과정에 개입할 수 있다. 심지어 교육, 쇼핑, 문화생활 등 일상생활의 많은 부분이 디지털 기반으로 전환되면서 이러한 현상은 더욱더 가속화되었다. 또 이로 인해 디지털 세상에 능숙하게 적응하는 사람과 그렇지 못한 사람 사이에 정보의 접근과 활용 그리고 그 결과로 인한 삶의 질까지도 격차가 벌어지는 상황이 되었다. 누군가에게는 디지털 세상이 개인의 사회적 배경과 상관없이 자유롭게 진입해 소통하고 필요한 정보를 찾아 활용하는 기회의 문이 되지만, 다른 누군가에게는 쉽게 접근해 누리기에는 기술적으로 또는 경제적으로 부담스러운 장벽이 된다.

일례로 'Born Digital'로 일컬어지는 젊은 세대에게 온라인 동호회, 인터넷 쇼핑, 사이버 캠퍼스 등을 활용한 일상생활은 너무도 익숙하고 자연스러우며 편리하지만, 인생 후반기에 새로운 기술을 배우고 익혀야 할 뿐 아니라 디지털 세상이라는 전혀 경험해보지 못한 공간의 메커니즘을 이해하기 힘든 노년층에게는 그 모든 것이 두렵고 어렵다. 설 기차에 타보니 입석에는 노인들이 가득했다는 신문 보도처럼[10] 휴대폰으로 열차 시간을 조회해 온라인 예매로 좌석까지 지정하고 버스 노선을 검색해 제시간에 맞춰 기차역에 도착하는 식으로 여행하는 젊은이와 이 과정을 전혀 할 수 없는 노인에게 디지털 세상의 혜택이 동일하게 가

닿을 수는 없다.

이런 이유로 디지털 리터러시나 미디어 리터러시처럼 디지털 기기를 능숙하게 다루고, 디지털 기반의 미디어에 접근하고, 이 미디어가 파생시키는 뉴스와 정보를 포함한 지식 생산과 유통에 적극적으로 개입하고 소통하는 능력까지를 리터러시의 개념에 포함시키는 경향이 나타났다. 디지털 리터러시나 미디어 리터러시는 인터넷에 연결된 매체를 활용해 정보에 접근하고, 이를 비판적으로 평가하고 활용함으로써 소통하는 커뮤니케이션 능력 혹은 정보 활용 능력에 가까운 의미로 통용된다.[11]

디지털 리터러시라는 개념은 폴 길스터Paul Gilster가 1997년 발간한 책[12]을 통해 처음 등장했다. 그는 이 책에서 디지털 리터러시를 컴퓨터를 통해 표출되는 다양한 출처에서 생성된 여러 형식의 정보를 이해하고 활용하는 능력으로 정의했다. 길스터의 정의는 새롭게 등장한 컴퓨터라는 매체를 다루는 기술뿐 아니라 정보의 취사선택까지 포함하는 개념인데, 이로 인해 컴퓨터 리터러시, ICT 리터러시, 미디어 리터러시, 정보 리터러시 등의 용어와도 어느 정도 그 정의를 공유하게 되었다. 그동안 디지털 리터러시와 유사하게 사용된 개념 가운데 컴퓨터 리터러시, ICT 리터러시 등은 1960년대에, 테크니컬 리터러시는 1970년대에 등장해서 주로 새로운 기술에 대한 기능을 습득하는 측면에 중점을 두었다. 이후 생활 전반에 걸친 디지털화가 가속화되면서 이들 용어에 대한 포괄적인 개념으로 디지털 리터러시가 사용되었다.

반면 미디어 리터러시라는 용어가 처음 사용된 것은 ACBBAmerican Council for Better Broadcasts[13]가 1955년 발간한 뉴스레터의 칼럼이었다. 그러나 길지 않은 미디어 리터러시의 역사[14]에서 그 정의는 대상과 목적에 따라 서로 다르게 설명되어 온 측면이 있다. 이는 미디어 리터러시를 미디어 교육과정의 결과로 간주하는 입장과도 관련이 있다. 매체의 발달과 특정 시대의 사회사상 등에 영향을 받는 미디어 교육의 목적과 방향에 따라 미디어 리터러시의 정의도 달라질 수밖에 없었기 때문이다.

제임스 포터James Potter는 미디어 리터러시의 개념, 교육 내용 그리고 해법에 초점을 두고 당시의 미디어 리터러시 교육 상황을 정리했는데, 이 글에서 학자들과 시민활동가 그룹에서 정의하는 미디어 리터러시 개념을 기술했다. 이에 따르면 학자들 사이에서도 다양한 의견이 제시되고 미디어 리터러시 개념을 정의하는 스펙트럼에도 차이가 있음을 확인할 수 있다. 이후 1992년 미국 콜로라도주 애스펜에서 열린 '전미 미디어 리터러시 리더십 컨퍼런스National Leadership Conference on Media Literacy'에서 제시된 비교적 간결한 정의가 오랫동안 폭넓게 사용되었다. 여기서는 인쇄 매체건 전자 매체건 상관없이 광범위한 형식의 메시지에 접근하고, 분석하고, 평가하고, 소통하는 능력으로 미디어 리터러시를 정의했다. 그러나 같은 회의에 참석했던 르네 홉스Renee Hobbs는 디지털 기술과 매체로 인해 문화 자체도 변화하기 때문에 두 개념을 명확하게 구분하기 어렵다는 점에서 디지털·미디어 리터러시라는 용어를 사용할 것을 제안하기도 했다.

이처럼 디지털 매체나 기술을 포함하여 강조하면 디지털 리터러시와 미디어 리터러시의 구별은 모호해진다. 알레산드로 소리아니Alessandro Soriani가 지적한 대로 미디어 리터러시가 미디어와 비판적 관계를 맺고 사회에서 긍정적 행위를 하는 일련의 인지적·문화적 역량으로 규정된다면, 디지털 리터러시는 보다 기술 관료적 시각에서 디지털 콘텐츠와 관계를 맺는 기술적·지적 능력으로 규정되지만, 이 두 가지 리터러시는 서로 겹치고 밀접하기 때문에 둘 간 경계는 매우 가변적이라고 봐야 한다.

중요한 것은 마치 이전 리터러시가 의사소통의 전제로 문자에 대한 이해를 요구했던 것처럼 오늘날 리터러시는 디지털 환경과 기술에 대한 이해의 선행을 요구한다는 점이다. 그러므로 누군가에게 활짝 열린 문이 또 다른 누군가에게 거대한 장벽이 되지 않도록 변화된 환경에 필요한 새로운 리터러시 역량 습득을 지원할 필요가 있다.

·

읽었을 뿐인 뉴스, 사라진 공론장

리터러시와 관련해 깊이 읽기의 중요성을 이야기하는 많은 저서가 공통으로 지적하는 것은 오늘날 우리 사회가 직면한 '읽기'의 위험이다. 비교하고 참고해서 판단하는 '참조' 과정이 생략된 채 퍼부어지는 텍스트를 그대로 수용하는 기능적 읽기에 대한 우려다. 이러한 현상은 ICT 기술 발달에 따른 정보 과잉 그리고 수동적인 정보 수용과 관련이 있다.

요즘 사람들은 늘 인터넷에 접속한 상태라고 해도 과언이 아니다. 핸드폰은 물론 스마트워치 같은 웨어러블

wearable 기기, 원격으로 조절이 가능한 냉난방기 같은 가정 자동화 장치들은 모두 인터넷에 연결되어 작동한다. 뿐만 아니라 일상생활에서도 온라인 강의, 모바일 쇼핑, 클라우드 기반 재택근무처럼 인터넷을 통해 영위되는 활동들이 점점 늘어나는 추세다. 더불어 일상생활에서 필요한 정보 역시 대부분 인터넷에서 구한다. 그리고 인터넷에 부유하는 많은 정보는 검색엔진을 제공하는 포털을 통해 찾는다.

실제로 최근 발표된 한국의 인터넷 이용 실태 조사 결과에 따르면 2021년 7월 기준 전체 가구 중 가구 내 인터넷 접속이 가능한 가구 비율은 99.9%이며, 복수 응답으로 조사한 인터넷 이용 목적 중 상위는 커뮤니케이션(97.8%), 자료 및 정보 획득(97.4%), 여가 활동(96.8%) 순으로 나타났다. 그리고 국민 독서 실태 조사 결과에서 드러났듯 매체 환경 변화에 따라 종이책뿐 아니라 웹소설, 인터넷신문 읽기와 소셜미디어 정보를 읽는 것까지도 독서 영역으로 인식하는 경향이 늘면서 사실상 '읽기'의 많은 부분이 온라인을 중심으로 이동하고 있다. 그런데 인터넷의 블로그나 소셜미디어 등을 통해 게시되는 글들은 출처나 검증이 생략된 채 유통되는 경우가 많고, 출처가 있더라도 팩트 체크를 거치지 않거나 의도적으로 가짜 정보를 담는 경우도 많다.

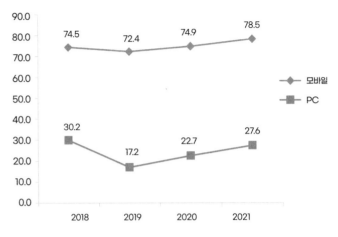

최근 4년간 인터넷 포털 뉴스 이용률

- 모바일
- PC

『2022 언론 수용자 조사』, 한국언론진흥재단, p101

　참조 없이 읽는 수동적인 정보 수용에 따른 비판적 사고의 실종에 대한 우려는 인터넷뉴스 이용에서도 마찬가지다. 한국의 인터넷 이용률은 매우 높고, 특히 뉴스 이용에 있어 포털의 영향은 더더욱 두드러진다. 2022년 한국언론진흥재단이 전국 만 19세 이상 58,936명을 대상으로 실시한 언론 수용자 조사 결과에 따르면 일반적으로 온라인 콘텐츠와 정보 검색 허브로서 포털에 대한 의존도가 줄어든 것과는 달리 뉴스 플랫폼으로서 포털의 지배력은 여전히 큰 것으로 나타났다. 전체 응답자 기준으로 지난 1주일 간의 인터넷 포털 이용을 조사한 포털 이용률은 80.7%였으며, 포털을 이용한 뉴스 이용은 75.1%로 그 가운데 모바일 인터넷을 통한 이용률이 74.6%로 대부분을 차지했다.

이미 우리 사회는 프랭클린 포어Franklin Foer가 그의 책에서 지적한 것처럼 새로 등장한 거대 포털들이 독자들이 인터넷에 접근하는 관문이 되었고, 독자들은 인터넷에 들어와서 읽는 기사가 어떤 신문이나 잡지에서 나왔는지 거의 신경 쓰지 않는 상황에 이르렀다.

문제는 인터넷을 통한 뉴스 이용자들이 본인 관심에 따라 적극적으로 뉴스를 찾고 읽기보다는 포털이 개인 관심과 이용 정보를 바탕으로 제공하는 개인화, 맞춤화된 알고리즘에 따른 배치를 단서로 뉴스를 이용한다는 것이다. 이러한 뉴스 이용 행태는 편향된 정보 속에서 맴도는 필터 버블Filter Bubble[15]에 갇힐 우려가 있다. 알고리즘에 의해 읽은 글과 유사한 글이 자동 추천되는 방식으로 읽기의 연쇄 고리가 만들어지기 때문에 일부러 검색하지 않고 알고리즘에 의존할 경우 비슷한 내용을 담은 글들을 접할 가능성이 높아진다. 그리고 읽고 있는 글에 대한 비판적 검증을 보류한 채 알고리즘이 추천하는 글만을 지속적으로 읽게 되면

필터 버블과 확증 편향의 오류에 쉽게 빠질 수 있음은 이미 여러 학자가 지적한 사실이다.

또 다른 우려는 상업적 이익 추구에 따른 클릭 유도성 기사, 속칭 낚시 기사로 대표되는 저널리즘의 품질 저하와 헤드라인으로 뉴스를 소비하는 이용 행태가 맞닿아 벌어지는 정보 왜곡과 공론장[16]의 붕괴다. 이미 기사의 주제나 주요 정보를 나타내지 않고 이용자가 혹할 만한 내용으로 헤드라인을 작성하거나 심지어 본문에 없는 내용이 헤드라인으로 나타나기도 하는 현상은 새로운 것이 아니다. 게다가 점점 더 많은 이용자가 헤드라인이나 동영상 섬네일Thumbnail을 보고 뉴스를 읽을지 아닐지를 선택하거나 심지어 헤드라인을 읽는 것만으로 뉴스를 소비한다.

뉴스를 클릭해서 읽고 다른 매체와 비교하는 뉴스 이용자는 극히 드물고, 이런 현상은 젊은 세대에게서 더 두드러진다. 밀레니얼 세대의 뉴스 이용과 관련한 이선민 등의 연구에 따르면 이들은 포털을 1차 정보원으로 이용하지만 유튜브 개인 방송, 요약, 큐레이션 뉴스 서비스 등을 통해 자신들만의 뉴스 채널을 구축한다. 그리고 '중요한 뉴스는 굳이 찾지 않더라도 나한테 올 것News finds me'이라는 사고방식으로 뉴스를 '우연히 눈에 띄면 읽는 것'으로 인식한다.

저널리즘의 기본 기능이 공적 이해와 관심이 집중된 사안을 사실에 기반해 전달하고 논평 등을 통해 의견을 제시함으로써 일반 대중의 숙고와 공적 의견 개진을 돕는 것이라고 할 때, 클릭 유도성 기사는 뉴스에 대한 부정적 평가와 이용 기피로 끝나는 것이 아니라 저널리즘 전반에 대한 불신을 초래해 이용자들이 뉴스를 떠나게 만들고 뉴스 생산과 소비, 유통 전반에서 저널리즘이 추구하는 공적 이익의 추구를 방해함으로써 시민 사회를 위태롭게 할 수 있다.[17]

또 레거시 미디어가 자행하는 가짜 뉴스 생산도 심각한 우려의 대상이다. 예전에는 신뢰할 수 있는 정보원으로 분류되었던 전통적인 레거시 미디어들은 의도적으로 가짜 뉴스를 생산하면서 스스로 게이트 키퍼gate keeper의 기능을 버렸다. 이들은 출처 없는 인용뿐만 아니라 인용할 만하지 않은 인물의 말을 검증 없이 인용하면서 정보 오류와 비판적 사고의 기능을 오염시킨다. 이러한 현상의 이면에는 전문성이나 특별한 콘텐츠 없이 남들의 관심과 이목을 끄는 것만으로도 명성과 돈을 얻는 주목 경제와 진영 논리의 함정이 있다.

사실이 아니어도 사람들의 관심만 얻는다면 공론장에 그대로 내던져지는 글과 알고리즘에 의한 참조 없는 읽기가 결합하면 가짜 뉴스와 필터 버블, 확증 편향이라는 정보 오류의 문제가 고스란히 드러난다. 게다가 자신의 언어로 생각을 표현하지 않고 다른 사람의 말로 자신의 의견을 대신하는 사람들이 점점 많아지는 요즘 경향에서 이러한 현상은 더 위험하다. SNS에는 인터넷 공간에 부유하는 여러 글 중에서 자기 생각을 대변해준다고 보이는 글을 자기 목소리로 생각하고 이러한 글에 반응하고 퍼 나르면서 글쓴이의 생각을 자기 생각으로 치환해버리는 사람들이 많이 있다. 비판적 사고의 마비와 의견의 위탁이라고도 볼 수 있는 이러한 과정이 반복되면 본인이 선택한 발화자의 글은 자신의 생각이므로 더 이상 참조가 필요 없게 되는 악순환이 이어진다.

그러므로 참조 없는 읽기와 가짜 뉴스로 인한 리터러시의 위협을 물리치자면 무엇보다 올바르게 정보를 평가하고 가려낼 제대로 된 정보 리터러시 교육이 필요하다. 자신이 접하는 정보의 출처가 신뢰할 만한지, 가짜 뉴스는 어떻게 구별할지, 가짜 뉴스로 인한 폐해가 어떻게 공론장을 무너뜨리고 건설적 담론이 사라진 무너진 공론장이 어떻게 우리 사회를 망가뜨리는지에 대해 비판적으로 성찰하는 생각의 훈련을 포함해서 말이다.

●

정보쇼와 지식인 엔터테이너, 비대면 대화의 함정

참조 없는 읽기와 가짜 뉴스는 정보 누락 혹은 왜곡된 정보 유통이라는 명백한 문제를 가지고 있다. 하지만 겉으로 보기에는 별문제가 없어 보이는데도 비판적 사고와 정보 리터러시 습득에 우려할 만한 또 다른 현상이 있다.

바로 최근에 TV라는 전통적인 미디어에서 대세로 자리 잡은 정보쇼와 팟캐스트나 유튜브 등에서 제공하는 다양한 주제의 지식 콘텐츠다. 이들 콘텐츠는 전문가라고 할 만한 지식인들이 전달자로 나서는 경우와 책과 기타 정보원들을 활용해 소위 지식 콘텐츠 크리에이터라고 불리는 사람들에 의해 제작되는 방식으로 유통된다. 일반인 크리에이터에 의해 창작되는 지식 콘텐츠는 앞서 지적한 잘못된 정보와 가짜 뉴스의 위험 같은 문제가 불거질 여지가 있다. 그러나 이른바 학자나 해당 분야의 권위 있는 전문가가 동원된 정보쇼에는 어떤 문제가 있을까?

여러 분야의 전문가를 동원해 특정 주제에 대한 강연과 질의 문답식 학습을 내용으로 제작되는 이 콘텐츠들은 한동안 해당 분야의 전문가는 아니지만 뛰어난 전달력과 대중을 사로잡는 화술로 연예인 못지않은 인기를 누렸던 스타 강사들의 주 무대였다. 이후 강연 내용 오류 등이 문제가 되어 소위 스타 강사들이 사라진 자리를 지금은 대학교수, 전문연구자 등 해당 분야의 지식인들이 대체했다. 역사, 인문, 미술, 음악 등 다양한 주제로 점점 영역을 넓혀가는 이러한 정보쇼가 위험한 이유는 아무리 그 위세가 추락했다고 해도 여전히 가장 신뢰도가 높은 미디어로 대접받는 TV와 지식인이 결합한 쇼에 부여되는 권위 때문이다.

공신력 있는 미디어와 전문가가 함께 만들어내는 정보쇼는 그 쇼를 보는 사람들의 정보 수용을 극대화하고 전달되는 내용에 대해 의문이나 비판, 참조가 필요하지 않다고 느끼게 만든다. 그냥 안심하고 믿을 수 있는 정보를 안

락한 소파에 기대앉은 채로 영화 보듯 얻을 수 있기에 굳이 그 이상의 정보를 알려고 하거나 관련된 다른 정보를 찾아보려는 사람은 많지 않을 것이다. 문제는 양은아가 지적했듯 이를 통해 강연자에게는 지식과 교양에 관한 발화와 해석에 절대적인 권위가 부여되고 패널 및 청중, 시청자 대중은 강의를 듣고 수용하는 위치와 관계로 구도화된다는 것이다. 그리고 이러한 과정은 청중으로 하여금 특정 프레임에 사로잡히는 기계론적 사유에 갇히도록 만들어 학습 능력을 확장하는 데 필요한 창조적 재해석의 가능성을 차단한다.

다른 한편으로 지식인 엔터테이너에 대한 검증을 매체가 맡는 데 따르는 문제가 있다. 이미 우리 사회에는 TV 교양 프로그램의 강연자들이 전달한 지식의 오류가 사회문제화된 경험이 있다. 일련의 소동 이후 새로 등장한 프로그램에는 일반적으로 그 권위에 이의를 제기하기 어려운 학자들이 주로 출연한다. 이런 조치는 콘텐츠의 신뢰성을 높인다는 측면에서 의미가 있겠지만, 미디어를 통한 정보쇼 진행자로서 지식인 엔터테이너 문제는 여전히 남는다.

매체 특성상 지식을 중개하는 지식인은 그 분야의 전문성도 중요하지만 해당 매체를 통해 시청자나 청취자를 끌어모으는 엔터테이너로서의 역량도 필요하다. 때문에 아무리 그 분야의 전문가라 하더라도 학문적 권위만으로 정보쇼에 등장하기는 어렵다. 그럼에도 불구하고 정보쇼에 등장한 지식인들은 미디어의 검증을 거친 것으로 간주되어 대중으로부터 권위를 부여받고, 그러한 지식인 엔터테이너가 전달한 정보는 검증이 필요하지 않은 정제된 정보로 인정받는다.

이처럼 학문 외적인 여러 요소를 고려해서 선택된 정보쇼에 적합한 지식인 엔터테이너가 대중에게 해당 주제와 학문의 권위자로 승인되고, 그들이 발화하는 정보에 절대적인 신뢰가 더해지는 과정이 반복되면 앞서 언급했듯 나를 대신해서 말해줄 발화자를 선택하고 그 말을 나의 의견으로 고착시키는 패턴과 유사해진다. 그리고 공개적으로 승인된 권위 있는 지식인 엔터테이너의 의견이 대중의 의견이 되면 스스로 생각하고 판단하는 비판적 사고 기능은 멈춰버린다.

한편으로 만남이 실종된 대화도 매체와 연결된 리터러시 문제를 만들어낸다. 흔히 '4차 산업혁명 시대'라고 하는 오늘날의 세계는 모든 인간과 사물이 연결된 '초연결 사회'를 특징으로 한다. 특히 인터넷은 전 세계인을 시간과 공간의 경계 없이 연결해준다. 우리는 이제 내 방 안에서도 지구 반대편 사람들과 실시간으로 이야기를 나눈다. 그리고 실생활의 많은 것이 가상공간을 포함한 온라인으로 이동하고 있다. 쇼핑, 사교, 관광, 교육처럼 이전에는 서로 얼굴을 맞대고 대화로 이루어지던 일들이 이제는 얼굴을 마주 보지 않고 몇 개의 인터페이스 조작으로 가능해졌다.

하지만 이렇게 연결된 세계에서 정작 인간은 점점 더 고립되어 간다. 모든 것이 연결되어 있으나 사람들 사이는 단절된 관계, 이런 현상은 이미 엄기호가 이야기했던 끊임없이 접속하고 끊임없이 차단하는 '단속사회'와 노리나 허츠Noreena Heartz가 이야기한 '고립의 시대'와 연결된다.

단속사회와 고립의 시대의 공통된 특징은 얼굴을 마주 보며 이야기를 나누는 대화의 실종이다. 그러므로 심리적으로 나를 이해하고 지지해주는 '곁'이 되는 사람이 아니라 나와 같은 편만을 연결하고 나와 다른 편은 끊임없이 단절시키는 엄기호의 단속사회나 디지털 누에고치에 갇혀 이제는 실생활에서 상대방의 표정을 읽는 것조차 힘겨워진 노리나 허츠의 외로운 시대는 모두 리터러시의 위기와 연결되어 있다. 공감이 사라지고 함께하는 것이 힘들어진 사회에서 대화를 통한 의사소통은 약화된다. 특히 얼굴을 마주 보고 대화하는 기회가 점점 사라지는 온라인 세상에서는 더 그렇다.

회담 혹은 토론을 의미하는 그리스어 'dialogos'에서 유래한 '대화'는 둘 사이의 맞대면 의사소통을 의미한다. 그러나 미하일 바흐찐Mikhail Bakhtin에 따르면 물리적으로 같은 시간과 장소에 있는 사람들 사이의 일상적인 대화를 뛰어넘어 대화의 형식하에 진행되는 모든 언어적 의사소통, 모든 언어적 상호작용으로 확장되기도 한다. 따라서 온라인상에서 이루어지는 채팅, 이모티콘과 이모지 등을 써서 오가는 모든 의사소통 역시 대화의 범주에 포함시킬 수 있다.

하지만 많은 사람이 느끼듯 온라인 공간에서의 대화는 같은 내용이더라도 표정과 몸짓, 음성의 떨림, 억양 등을 통해 전달되는 물리적 대면에서의 대화와는 다른 느낌을 주며, 의도와 다른 결과를 이끌어내기도 한다. "감사합니다"와 "감사합니다~^^"는 같은 인사지만, '~'와 '^^'가 사용된 후자 쪽이 훨씬 더 친근하고 진정성 있게 받아들여진다. 반면 전자는 의례적이고 건조한 느낌을 준다. 관심이 있는 여성으로부터 받은 문자에 물결(~) 기호가 없다고 고민하는 드라마 속 남자 주인공의 상황은 이런 맥락에서 공감할 수 있다.

이처럼 얼굴을 마주 보고 하는 대화에서는 몸짓, 표정, 뉘앙스, 목소리 톤 같은 것이 의사소통을 돕는 비언어적 요소로 작용하지만, 비대면으로 이루어지는 온라인상에서의 대화는 위의 예처럼 이모티콘이나 유사 언어 같은 비언어적 텍스트를 통해 대화의 의미가 명확해지고 감정과 표현이 풍부하게 전달된다.

마찬가지로 학교에서 활자화된 텍스트를 기초로 배운 말과 글로 이루어지는 대화는 축약된 은어와 이모티콘으로 나누는 온라인 대화에 어울리지 않는다. 이미 채팅이나 메시지 앱에서 오가는 텍스트들은 기존 문법과는 다른 형태의 단문으로 이루어져 있으며, 이모티콘과 짧아진 은어 그리고 문법 규칙이 사라진 조어가 일상 대화를 이룬다. 말하는 자와 듣는 자, 전달하는 메시지가 존재한다는 측면에서 이러한 대화 역시 커뮤니케이션 형태라고 할 수 있다. 하지만 인간의 온기가 끼어들지 않은 의사소통은 얼굴을 맞대고 했을 때 느끼는 비언어적 요소들을 생략함으로써 소통에 오해를 불러일으키거나 내화 이면에 숨겨진 감정을 파악하기 어렵게 만든다.

뿐만 아니라 매체를 통한 비대면 대화가 사회적 관습이나 터부 때문에 드러내기 어려운 내부적 자아를 오히려 잘 드러내게 하고, 언어폭력 지수를 높인다는 연구 결과도 있다.[18] 이은주에 따르면 컴퓨터를 매개로 한 대화는 상대방의 존재감을 약화시키고 사회적 실재감이 낮은 상황을 만들어서 사람들이 일상적인 대화 상황에 적용되는 사회적 규범이나 예절로부터 비교적 자유로운 상태disinhibition를 경험하게 하고 그 결과 욕설, 인신공격, 절제되지 않은 지나친 감정적 표현 등을 지칭하는 이른바 플레이밍flaming이 발생한다.

반면 가족 간에 대화가 많을수록 청소년들의 언어폭력 경향이 낮아졌다거나, 직접적인 소통, 가벼운 신체 접촉, 대화와 수다가 소중한 친구를 만들고 관계를 유지하는 가장 중요한 방법이라고 하는 주장들은 대화의 근본적인 목적이 안전한 사회를 만들고 유지하는, 즉 함께 살아가기 위한 공존의 도구가 되어야 함을 일깨워준다.

이미 의사소통의 많은 부분을 차지한 온라인 대화의 문법을 터부시할 필요는 없다. 하지만 완전한 리터러시의 습득은 언어적인 이해뿐 아니라 표정이나 몸짓처럼 맥락이 반영된 비언어적 요소에 대한 이해가 함께 이루어져야 한다는 것을 고려했을 때, 친밀한 관계를 복원하고 사회적 안전망을 튼튼하게 하기 위해서라도 얼굴을 맞댄 대화를 통해 타인의 감정을 이해하고 존중하는 제대로 된 리터러시 훈련이 필요하다.

3

제대로 된

리터러시를 갖추려면

●

독서, 시작이자 중심

　한국만의 문제는 아니지만 점점 더 긴 글을 읽지 못하는 사람이 늘어나고 있다. 이러한 현상의 원인은 대부분 읽는 습관에서 찾아볼 수 있다. 시장 조사 전문 기업인 엠브레인 트렌드모니터가 2021년에 전국 만 16세에서 64세 사이 남녀 1,000명을 대상으로 실시한 조사 결과에 따르면 10명 중 4명 이상이 책을 거의 읽지 않는 것으로 나타났다. 특히 종이신문의 경우 79.7%가 거의 읽지 않는다고 응답했으며, 포털사이트에서 뉴스를 읽을 때 제목 정도만을 읽는다고 응답하거나(42.2%), 디지털 시대에는 책을 읽지 않아도 전혀 문제가 없다(30.1%)고 응답했다. 하지만 이러한 인식과 달리 평소 어휘력 부족을 느끼는 사람(29.7%)이 적지 않았고, 3명 중 1명은 주변에 읽기 능력이 부족한 사람이 많다고 응답했다.[1]

인터넷 환경과 디지털 매체의 특성상 온라인에서 소비되는 정보는 대부분 짧은 시간에 전달 가능한 것이 환영받는다. 이제는 유튜브조차도 15초 이내 짧은 길이로 제작된 숏폼이 대세를 이루는 실정이다. 실제로 유튜브에 따르면 숏폼 콘텐츠 플랫폼인 쇼츠는 출시 1주년 만에 4배가량 성장한 하루 평균 조회 수 300억 회를 달성했다.[2] 특히 온라인상에서 대중에게 소비되는 글은 인쇄 매체에 비해 그 길이가 짧다. 대표적인 SNS인 트위터의 경우 글자 수가 140자로 제한되며, 인스타그램은 아예 글보다는 이미지만으로 소통하는 것이 룰로 받아들여진다. 또 글자 수에 제한은 없지만 페이스북에서 스크롤이 넘어갈 정도로 긴 글은 많지 않다. 웹소설과 블로그 등도 길지 않은 시간을 투자해서 읽어낼 만한 분량으로 제공된다.

이처럼 읽기 환경 자체가 긴 글을 허용하지 않는 분위기다 보니 책 한 권을 진득하게 읽어내는 사람도 점점 줄어들고 있다. 특히 청소년의 경우 긴 글을 읽기보다는 짧은 글을 읽고, 정보에 접근하는 경로도 포털사이트와 SNS, 유튜브처럼 알고리즘으로 글을 추천하는 사이트인 것으로 나타났다.[3] 긴 글을 읽지 못하는 젊은 세대를 대표하는 말로 'tl;dr too long;didn't read'이라는 표현이 있는데 미국 청소년들 사이에서 통용되는 축약된 은어로 '너무 길어서 읽지 않았다'라는 뜻이다. 이것은 국내 인터넷 공간에서 글이 너무 길어 읽기 귀찮다며 요구하는 '3줄 요약'이라는 표현과도 일맥상통한다. 긴 글을 읽지 않거나 읽지 못하고, 출처를 확인하고 내용을 곱씹어 의미를 이해하는 생각 과정이 생략된 이러한 읽기는 비판적 사고 기능을 상실한 사실상의 '참조 없는 읽기'에 다름 아니다.

지금까지 밝혀진 대로 역사상 가장 처음 나타나 가장 오랫동안 인류의 의사소통 도구로 기능했던 것은 말과 글로 이루어진 언어였다. 최초로 알려진 수메르 지역의 쐐기문자가 사용되었던 것이 기원전 3,000년 전이었고, 현생 인류의 조상인 호모사피엔스가 출현한 것이 35만 년 전[4]이라고 하니 문자 이전에는 어떻게 의사소통이 이루어졌을끼 하는 궁금증이 생겨난다. 문자 이전에도 음성이나 몸짓 같은 비언어적 의사소통 수단이 존재했었음은 물론이고 기호나 그림처럼 상징적인 수단도 있었을 것이다. 그러나 이러한 상징적인 수단이 문자가 되려면 사람들 사이에 이것을 사용하는 집단의 생각이나 느낌을 분명하게 재현하는 공식적인 기호나 상징체계로 인정하는 합의가 먼저 이루어져야 한다. 때문에 문자의 발달은 꽤 오랜 시간에 걸쳐 천천히 진행되었다.

문자는 정보를 휘발시키지 않고 그대로 전달하는 기능에 있어 말보다 우위에 있었고, 이로 인해 말보다 고급스러운 기능으로 여겨졌다. 문자는 20세기 이전까지 대부분 기간 동안 정보의 전달과 기록에 있어 대체 불가능한 의사소통 매체로 그 지위를 유지해왔다. 문자는 사람들 사이의 의사소통뿐 아니라 소통할 수 있는 사회 단위를 시공간으로 확장함으로써 인류 문명 발전의 촉매제가 되기도 했다. 인쇄술의 발명은 신문, 잡지, 책 같은 활자 매체를 통해 나라와 나라, 대륙과 대륙, 과거와 현재가 문자를 매개로 소통하는 세계를 만들었다. 그리고 이러한 세계에서 리터러시는 문자라는 상징을 이해하는 능력을 갖추는 것을 의미했다.

문자의 등장은 인간의 사고를 체계화시키고 많은 정보와 지식을 후대로 전승함으로써 문명 발전의 원동력이 되었지만 역으로 문맹이라는 말을 만들어냈다. 정보 통신 기술과 다양한 미디어의 발달로 인해 문자를 매개로 한 정보와 콘텐츠는 낙후된 것, 사라져 가는 것처럼 치부되는 경향이 있지만 아직까지 우리 사회에서 정보와 지식 대부분은 문자를 매개로 한 텍스트에 의존한다. 비록 디지털 매체를 통해 온라인으로 확장되더라도. 대부분의 정보는 활자화 가능한 말과 글을 기본으로 해서 만들어지고 유통된다. 인쇄된 자료를 이미지화하는 데이터베이스는 말할 것도 없고 콘티를 바탕으로 제작되는 영상이나 오디오 클립, 이미지 파일처럼 시청각을 통해 얻는 정보도 결국은 말과 글로 그 의미를 전달함으로써 소통 가능한 영역에 놓인다. 그렇기 때문에 리터러시와 문자는 불가분의 관계에 있다.

또 인간의 확장으로서 매체의 원리를 설파했던 마셜 매클루언Marshall Mcluhan은 모든 매체가 본질적으로 언어의 특성을 지니고 있으며, 거기서 벗어날 수 없다고 생각했다. 그는 언어를 인류 최초의 기술로, 매체를 인간 정신과 육체의 모든 확장으로 재정의했다. 그러므로 어떤 의미에서 활자 중심의 읽고 쓰기를 강조하는 전통적인 리터러시는 오히려 예전보다 더 중요해졌다. 문자의 습득은 읽고 쓰는 것을 배우는 학습에서 출발하지만 리터러시의 향상은 꾸준한 독서가 큰 몫을 한다. 사전적 의미로 독서는 책을 읽는 행위를 의미하지만 앞서 살펴보았듯 요즘의 기술 변화와 다양해진 매체를 고려하면 단순히 활자화된 텍스트를 읽는 것만으로 읽는다는 의미를 한정하기는 어렵다. 더불어 책 내용을 읽는 것만을 독서로 볼지, 책 내용을 이해하고 체화하는 과정까지를 독서로 볼지에 대한 의견도 다양할 수 있다.

방대한 시공간을 아울러 읽기의 역사를 정리한 로제 샤르티에Roger Chartier와 굴리엘모 카발로Guglielmo Cavallo의 책 『읽는다는 것의 역사』(한국출판마케팅연구소, 2006)는 미리 텍스트에 명기된 것이 아닌 텍스트에 부여된 의미와 텍스트로부터 독자들이 만들어내는 효용 또는 해석에 차이가 있고, 오직 독자가 거기에 의미를 부여하기 때문에 텍스트가 존재한다는 점을 독서의 전제로 하고 있다. 이런 견해에 비추어볼 때 단순히 글을 읽는다는 행위뿐 아니라 읽은 내용에 대해 비판적으로 생각하고, 그 생각을 토대로 자신의 해석을 덧붙이는 행위까지 독서에 포함할 수 있다.

문자가 발명된 이후부터 시작된 독서는 오랜 시간에 걸쳐 그 형태와 효용에 있어서도 변화를 겪어왔다. 문명 초기에 문자 해독 능력은 권력과 결부되어 있었다. 극히 소수의 사람만이 글자를 읽고 그 뜻을 이해했기 때문이다. 즉 문자가 담고 있는 정보는 권력을 가진 소수에게만 독점되었고, 이때 '문맹'은 글을 읽고 쓸 수 없을 뿐 아니라 권력으로부터도 소외되었음을 가리키는 뜻이기도 했다.

더불어 독서는 글을 아는 소수가 글을 모르는 다수를 대상으로 내용을 읽어주는 형식이었으며, 주된 목적은 정보 전달이었다. 글을 아는 사제가 경전을 읽어주거나 왕의 칙령을 대중 앞에서 낭독하던 방식은 이런 예에 속한다. 이후 문학 작품을 중심으로 독서의 오락적 효용이 각광받던 시기에는 책을 읽어주는 직업이 등장했고 공적 공간에서 소리 내어 책을 읽는 음독이 독서 형태로 주류를 이루었다. 묵독이 등장한 것은 중세 이후 대학의 번성과 관계가 있으며, 성행한 것은 개인의 개념이 존중되던 근대 이후로 알려져 있다.

이처럼 독서는 음독에서 묵독으로 발전했고, 묵독은 다시 극히 제한된 양의 텍스트를 반복하며 숙독하고 음미하는 집중형 독서로, 18세기 무렵에 이르러서는 날마다 갱신되는 대량의 텍스트를 그 자리에서 소비하고 다시 돌아보지 않는 대중 저널리즘 시대의 독서 방식인 분산형 독서로, 디지털 기술이 발달한 21세기에는 필요한 내용만을 찾아서 읽고 소비하는 검색형 독서로 이행해왔다.

일반적으로 묵독은 음독에 비해 개인의 상상력과 비판적 사고를 자극하는 형태의 독서로 인정받았다. 그러나 검색형 독서, 온라인 독서에 대해서는 우리의 사고방식을 얕고 가볍게 만들어 더 이상 깊이 있는 사고가 불가능하게 만든다는 평과 오히려 타인과의 연결을 통한 협업 지능으로 인해 창의성과 활용 능력이 배가된다는 평이 대립하는 양상이다. 니콜라스 카Nicholas G. Carr가 전자의 입장이라면 클라이브 톰슨Clive Thompson은 후자를 대변한다. 톰슨은 디지털 세상에서 필요한 새로운 리터러시로 달라진 매체와 매체의 문법을 비판적으로 이해하고 활용하는 복합적인 능력으로서의 리터러시를 전제하고 있다.

학자마다 독서와 독서의 효용에 대한 정의와 주장이 다르지만 공통적으로 지적하는 것은 그것이 문자를 읽는 것이건 이미지나 영상을 읽는 것이건 깊이 읽고 사고하는 과정이 동반되어야 한다는 점이다. 그리고 앞서 기술한 대로 다양해진 매체 문법 역시 줄거리나 전달의 효과, 화자의 의도 등이 미리 문자를 기반으로 정리되고 사용된다는 측면에서 문자를 읽는 독서가 리터러시의 기본이 될 수밖에 없다. 영상을 만드는 기초가 되는 스크립트, 회화나 사진의 해설과 평가 등 현재까지는 완전하게 문자를 떠난 매체 문법이 존재한다고 보기는 어렵다. 따라서 다매체를 고려한 복합적인 리터러시를 함양한다고 해도 기본은 문자를 이해하고 활용하는 리터러시에서 출발할 수밖에 없고, 그 과정에서 독서는 가장 중요한 리터러시 습득 도구가 된다.

●

나의 말, 나의 글 그리고 나의 생각

우리에게 말과 글은 어떤 의미일까? 우선 말은 글보다 먼저 등장했다. 인간이 언제부터 말을 사용하기 시작했는지는[5] 정확히 모르지만, 인간이 어떤 용도로 말을 사용하기 시작했는지에 대한 합의는 비교적 선명하다. 아마도 무리 지어 살기 시작한 인간이 타인에게 필요한 것을 요청하거나 위험을 알려주거나 하는 정보 제공의 동기에서 시작되었으리라고 본다. 초기에는 현재 우리가 쓰는 말처럼 체계적이지도 않고 어휘도 매우 제한적이었을 테지만 생각과 정보를 나눈다는 의미에서 쓰임새는 같았을 것이다.

글은 말보다 훨씬 뒤에 생겨났지만[6] 기록의 유무로 선사시대와 역사시대를 구분하는 것처럼 문명이 시작되는 중요한 발명으로 여겨졌다. 글은 말로 전해지던 소리와 단어를 글자라는 상징체계를 통해 오랫동안 남길 수 있다는 점에서 발화와 동시에 휘발되는 말과 달리 시공간 제약을 넘어 전달되는 장점이 있었다. 논리적이고 분석적인 인간의 감각과 연관되어 말보다 더 우월한 것으로 여겨지기도 했다. 하지만 글의 기본 쓰임새는 말과 다르지 않다. 읽고 쓰는 행위는 문자를 이해하고 문자로 정보를 소통하는 단순한 의미 이상의 가치를 갖는다. 우리는 문자를 통해 메시지를 전달받기도 하지만 반대로 문자를 사용해 메시지를 전달하기도 한다.

타인이 쓴 글을 읽는 독서는 생각의 방향을 제시하거나 새로운 깨달음과 영감을 주는 역할을 할 수는 있어도 나의 생각을 오롯이 전달해주는 것은 아니다. 그러므로 읽는다는 것은 타인의 생각을 알아보고 이를 참조해 나의 생각을 전달하는, 어찌 보면 쓰기를 위한 긴 수련이자 참조 과정일지도 모른다. 그러므로 글을 쓴다는 물리적인 과정은 그 자체를 통해서 정신을 '발전'시키고 심지어 '생산'하기까지 하는 과정[7]이라는 이장욱의 주장은 곱씹을 만하다.

더불어 글을 배우고 익힌다는 것은 의식을 고양시켜 스스로를 새로이 자각하며, 자신들이 처한 사회적 상황을 비판적 시각으로 바라보고, 사회 변화의 기회에 참여할 수 있도록 하는 전복적 힘을 길러내는 과정이라는 프레이리의 급진적 주장 역시 최종적으로는 사회 참여를 위해서 적극적으로 말하고 쓰는 표현 과정에 무게를 둔다.

이 모든 과정의 시작은 문자라는 상징에 대한 기능적 이해 과정에서 출발한다. 그 상징을 이용해 발음하고, 글자를 조합하고, 말하고, 쓰는 일체의 행위가 동반되는 과정을 거쳐 사회적이고 상황적인 의미가 더해지면서 소통을 이룬다. 그러므로 문자에 대한 완전한 리터러시 습득이라고 하면 제대로 읽고, 제대로 쓰고, 제대로 말하는 것이 되어야 한다. 그러나 실제 교육 현장에서 이 세 과정이 조화롭게 이루어지고 있지는 않다. 실제로 말하기, 듣기, 읽기, 쓰기, 문법의 세부 영역별로 나누어 이루어진 국민의 국어능력 실태 조사에서 한국 사람들은 쓰기와 말하기 영역의 점수가 다른 영역에 비해 현저히 낮은 것으로 나타났다. 이는 입시 위주의 독해와 논술에 치중하는 현재 교육과정이 반영된 결과라고 할 수 있다.

다른 한편으로 언어 교육의 목표와는 달리 말하고, 듣

2018 국민의 국어능력 실태 조사 영역별 원 점수 결과

영역	사례 수	만점	평균	표준편차	최솟값	최댓값
듣기	3,000	150	98.58	32.84	0	150.00
말하기	2,939	150	90.59	14.82	30.00	148.50
읽기 '가'형	3,000	180	115.26	40.55	0	180.00
읽기 '나'형	3,000	180	122.48	41.67	0	180.00
쓰기	3,000	250	122.61	30.89	54.00	237.50
문법	5,500	150	105.49	28.84	0	150.00
디지털	5,500	30	16.72	12.01	0	30.00

※ 국민의 국어능력 실태 조사는 현재 2018년 자료가 최신이며, 2022년 예비조사를 거쳐 2023년 현재 본조사가 진행 중.

『2018년 국민의 국어능력 실태 조사』, 국립국어원, p222.

고, 쓰는 행위를 통합적인 것으로 인식하지 않는 일반적인 관념이 투사된 결과이기도 하다. 읽기와 쓰기는 유사한 사고 과정을 거치고, 모든 언어 교육과정에서 통합적으로 이루어져야 할 목표로 나타나고 있음에도 불구하고 많은 사람이 읽기와 쓰기를 별개의 것으로 인식하거나 쓰는 행위가 읽는 행위보다 더 고차원적이라고 생각하는 경향이 있다. 실제로 독서 실태를 조사하는 자료는 많아도 독서 활동에 쓰기를 포함시켜 조사하거나 글쓰기를 독서 활동의 일환으로 생각하는 경우는 거의 없다. 마치 구술문화와 문자문화 사이의 이분법적인 태도를 취했던 초기 리터러시 연구자들처럼 듣기와 말하기, 쓰기를 통섭된 과정이 아닌 각각 분리된 기능으로 바라보는 시각 또한 고른 리터러시 습득의 장애가 된다.

일찍이 중세 초 이탈리아의 정치가이자 스스로 설립한 수도원을 통해 학문 연구에 힘썼던 카시오도루스는 필사본의 필사 작업을 공식화하면서 핵심 과제로 '독서'를 포함시켰다. 그리고 대부분의 리터러시 습득 과정에는 읽기와 쓰기를 통한 비판적 사고 함양이라는 교육 목표가 포함되어 있다. 이처럼 진정한 리터러시 습득을 위해 읽고, 쓰고, 생각하는 과정은 서로 분리될 수 없다. 그러므로 언어의 궁극적인 목적이 의사소통에 있고, 이장욱의 표현대로 글쓰기가 '나'를 표현하는 것일 뿐 아니라 '나'를 만들어가는 과정으로 인간과 세계에 대한 생각을 드러내는 동시에 생각을 찾아가는 과정이라고 할 때 궁극적인 리터러시 교육은 비판적인 사고에 토대를 두고 읽기와 쓰기가 함께 이루어지는 가장 기본적인 국어 교육에 충실할 필요가 있다.

더불어 활발한 토론을 통한 교육이 이루어지지 않은 탓에 실종된 말하기 능력의 고양이 필요하다. 나의 생각을 전달하기 위해서는 쓰기도 중요하지만 일상생활에서 의사소통을 위해 가장 빈번하게 사용되는 말하기 기술에 대한 고민이 시급하다. 말은 가장 먼저 배우고 가장 많이 사용하는 의사소통 수단이지만 생각보다 말을 잘하기는 어렵다. '말을 잘한다'는 의미 또한 규정하기 쉽지 않지만 보편적으로 말을 통한 설득이나 감동처럼 다른 사람에게 영향을 미칠 수 있을 때 주로 사용된다. '말만 잘하면 천 냥 빚도 가린다'라거나 '세 치 혀가 백만 군사보다 낫다三寸之舌彊於百萬'라는 속담과 고사성어는 모두 말의 중요성을 표현한다. 인간사의 무수한 역사 속에는 말로 전쟁을 멈추기도 하고, 말이 씨가 되어 불화를 일으킨 많은 일화가 있다. 그래서 말을 다루는 학문인 수사학이 고대 그리스 시대부터 번성했는지도 모르겠다.

말하기를 통한 소통은 일상의 다양한 영역에서 이루어진다. 학교에서의 발표와 보고, 직장에서의 회의나 모임에서의 대화와 토론, 대중 앞에서 하는 강연이나 강의까지 개인 차이는 있지만 거의 매일 말을 사용하며 말을 통해 타인과 교류한다. 그러므로 말을 잘한다는 것 즉 상황과 맥락에 맞게 자신의 생각을 전달하고 타인의 생각과 조율하는 능력을 갖춘다는 것은 의사소통의 편의성뿐 아니라 사회적 관계에서 유리한 조건을 만드는 능력이 된다.

하지만 그 중요성에 비해 교육 현장에서의 말하기는

그러한 수업이 있을까 할 만큼 취약하다. 말하기 교육이 부재하거나 전혀 그 효과를 나타내지 못하는 원인은 다양하겠지만 말을 자제하도록 교육받는 우리 문화와 평가와 효율 중심으로 편성되는 커리큘럼 영향도 크다. 입시 위주로 편성되는 각급 학교의 교과 과정은 대학에 이르면 취업에 필요한 전공 중심으로 재편되어 객관적 평가가 가능한 독해와 쓰기 중심의 교육이 이루어진다. 그러나 이런 교육을 마치고 사회에 나갔을 때 정작 효과적으로 말할 수 있는 능력을 갖춘 사람은 드물다.

자신의 생각을 말하거나 쓰지 못하면 자신의 생각을 남에게 위탁하는 현상이 나타난다. 공부를 주제로 한 글 모음집에서 김영민은 진정한 공부를 가로막는 것들로 제대로 알지 못한 채 사용되는 단어, 모호한 논리로 얼버무리는 주장, 비판적으로 사고하지 않고 기존의 권위와 관습에 자신의 정신을 위탁하는 행태를 거론했다. 학문을 하고자 하는 사람뿐 아니라 우리의 일상생활에서도 이러한 모습은 쉽게 발견된다. 그 가운데서도 가장 흔하고 우려할 만한 것은 타인의 생각에 나의 말과 글을 위탁하는 것이다. 술집에서 벌어지는 정치 논쟁부터 영화 감상평에 이르기까지 스스로 듣고 본 것에 대한 자기 평가보다는 신뢰할 만하다고 생각하는, 흔히 그 권위를 인정받는다고 여겨지는 전문가의 견해를 그저 전달할 뿐인 경우가 많다. 역설적으로 이것은 정보 접근이 예전에 비해 수월해진 탓이기도 한데, 모두가 같은 정보에 접근하면서 권위를 인정받는 인물의 견해를 비판 없이 수용한 탓에 의견이나 비평에 차이가 없는 말과 글이 범람하게 된 것이다.

이러한 정신의 위탁 혹은 말과 글의 차용은 바람직하지 않다. 우리가 말과 글을 배우고 사용하는 이유는 타인의 생각을 이해하는 것만큼이나 나의 생각을 전달하고자 하는 목적이 크다. 소통하지 못해서 생기는 갈등, 나의 생각이나 내가 처한 상황을 정확히 알리지 못해서 당하는 불편과 불이익이 없게 하려는 것이다. 어쩌면 리터러시의 가장 큰 목적은 프레이리가 말했듯 글을 읽는 중요한 능력을 통해 비판적 성찰로 그들이 살고 있는 세상을 뛰어넘는 법을 배우는 것일지도 모른다. 그리고 그 과정에는 억압된 목소리에 대한 권리, 자신의 언어를 말할 권리 그리고 이를 통해 공동체와 정치적 올바름을 되찾는 일까지도 포함된다. 섬세한 언어를 매개로 자신을 타인에게 이해시키고 또 타인을 이해하고자 하는 훈련을 할 때, 비로소 공동체를 이루고 살 수 있다고 한 김영민의 진술이나 언어는 논쟁의 장일

뿐 아니라 의식화의 중심인 비판적이고 성찰적인 해명 과정에 빼놓을 수 없는 도구라고 한 프레이리의 진술은 모두 말과 글이 일상적 삶에 얼마나 중요한 것인지를 선언하며, 말과 글의 사용과 관련된 리터러시 역량이 왜 필수적인가를 반증한다.

결국 이러한 관점에서 볼 때 생각하고, 말하고, 대화하고, 토론하는 모든 과정이 리터러시 훈련이다. 그리고 좋은 리터러시 학습은 타인의 감정을 배려하며 자기 생각을 자기 언어를 사용해서 합리적으로 토론할 수 있게끔 만드는 것이다. 그렇다면 어디서부터 자신의 말과 글을 찾을 수 있도록 할 것인가가 리터러시 실천의 고민이 될 수밖에 없는데 이것은 교육 현장의 문제를 개선하는 것에서부터 답을 찾아야 한다.

학교가 입시를 위한 준비 기관처럼 운영되고 고득점을 목표로 한 사교육이 당연시되는 사회에서 깊이 읽고 생각하고 말하고 쓰는 교육이 잘 이루어지기를 바라기는 어렵다. 초등학생부터 고등학생까지 성적과 입시에 중점을 둔 평가 위주의 글쓰기 교육이 이어지고, 좀 더 깊은 사유를 바탕으로 논리적인 글쓰기와 말하기 훈련이 이루어져야 할 대학에서도 학점과 취업만이 우선시되면서 한 주제를 깊이 탐구하고 비판적으로 사고해 논리를 전개하는 훈련이 도외시되는 것이 현실이다. 실제로 대학 구조 개혁 평가와 관련해 취업률이 낮은 학과들이 통폐합되었는데 철학과를 비롯한 인문학 관련 학과들이 폐과의 주 대상이 되었다.

교육 현장에서 제대로 된 글쓰기와 말하기 교육이 이루어지지 않는 역효과는 욕설과 비속어가 난무하는 어린이와 청소년의 우려스러운 언어 사용 실태[8]뿐 아니라 사회 속에서 개인이 자신의 권리와 자리, 자신의 처지를 대변하는 능력을 상실하고, 일부 말과 글이 자유로운 소수에게 지배당하는 위험으로까지 연결된다. 우리 사회에 만연한 양극화는 논리적인 사고와 글쓰기 훈련에서도 예외가 아니어서 일부 사람은 고액 사교육을 통해 논리적인 말하기와 글쓰기를 익히고, 그대로 권력을 가진 사회의 소수로 자리 잡아 자신의 말로 자신의 문제를 말하지 못하는 사람을 대신하거나 억누른다. 프레이리가 말한 글쓰기를 통한 해방이라는 것은 이런 문제의식에 연결되어 있다.

그런 측면에서 최근 화제를 모은 『쇳밥일지』(문학동네, 2022)의 작가 천현우는 읽고 생각하고 쓰는 과정을 통해 스스로 리터러시 역량을 발전시킨 사례로도 의미가 있다. 천현우는 실업계 고등학교를 졸업하고 여러 중소 하청

업체 노동자로, 용접공으로 살다가 본인이 경험한 노동 현장 이야기를 글로 쓰며 세간에 알려졌고, 현재는 미디어 스타트업의 에디터로 근무하고 있다. 천현우는 여러 인터뷰에서 미디어나 정치 담론에서 소외된 노동 현장 이야기를 알리고 싶어 글을 쓴다고 밝혔다. 그는 사람들이 모르는 혹은 피상적으로 아는 중소기업의 노동 현실과 청년 문제에 대해 목소리를 내는 도구로 글을 쓰고 글로 세상과 소통하고자 한다. 또 그는 자신의 이야기를 전하지 못하는 많은 노동자 동료의 격려를 받고 있다고 했다. 이는 자신의 말로 자신의 문제를 말하고 이를 통해 자신의 권리를 찾아가는 프레이리의 실천적 리터러시에 잇닿은 바람직한 사례다.

세상 속에서 나의 자리를 찾고, 내 삶의 문제를 해결하는, 삶을 이끌어가는 도구로서의 리터러시는 타인이 아닌 오롯이 내 스스로의 말하기와 글쓰기를 통해 쌓아진다. 그러므로 이제까지의 교육과정을 되돌아보고 스스로의 생각을 정확하게 전달하고 타인과 교감하는 의사소통 능력으로서 제대로 된 리터러시 발현을 돕는 교육이 이루어지고 있는지 성찰할 필요가 있다. 더불어 말하고 생각하고 읽고 쓰는 통합적인 언어 교육을 통해 리터러시 향상을 도모해야 한다.

·

비판적 사고, 맥락을 파악하는 힘

비판적 사고란 자신이나 타인의 생각을 분석하고 평가함으로써 사고를 옳은 방향으로 개선시키기 위한 것이다. 철학적 관점에서는 주장, 논증 등을 논리적인 구조, 의미, 논거, 맥락 등을 고려해서 받아들일 수 있는지 판단하기 위한 추론적 사고로 본다. 그러므로 비판적 사고는 주어진 것을 기계적으로 암기하거나 암묵적으로 따르는 것이 아니라 주체적인 검토와 판단이 이루어지는 생각하기 방식이라고 할 수 있다. 또 비판적 사고는 단순히 옳고 그름의 이치와 논리적 인과관계만을 따지는 것이 아니라 취사선택의 가치

판단까지 포함한다. 공상이 아니라면 인간의 사고는 대부분 문제 해결과 결부되어 있고, 이를 위해서는 당면한 문제가 무엇인지를 알아내고 문제 해결에 필요한 도구와 방법을 찾아 적용하는 과정이 필요한데, 이 과정에서 유용한 것이 비판적 사고 능력이다.

비판적 사고 능력은 어떤 주장이나 이론을 무조건 수용하기보다는 그 이론적 근거에 대해 묻고 그 근거 설정의 적절성 여부에 대한 비판 내지 반성을 통해 그것을 수용할지를 판단한다. 또한 그 과정에서 유사성과 차별성을 파악해내고 이를 토대로 합리적인 주장을 펼치는 사고이자 비판과 반성 과정에서 관련 정보와 배경지식을 찾아내 상호 비교해서 창의적인 생각을 도출해내는 과정이기도 하다.[9]

비판적 사고는 서로 무관해 보이는 견해나 경험을 연결해주기 때문에 맥락을 파악하는 데 도움이 된다. 그리고 한 사건이나 상황에 얽힌 맥락을 파악하면 사건이나 상황의 이해와 거기서 비롯된 문제 해결에 도움이 된다. 오스트리아 빈의 한 종합병원에서 일하다가 의사가 근무하는 병동과 산파가 근무하는 병동에서 산욕열이 발생하는 빈도에 차이가 있음을 보고 손 씻기라는 간단한 처방을 통해 산모 사망률을 낮춘 의사 이그나스 제멜바이스Ignác Semmelweis

는 눈앞에 놓인 상황을 그대로 받아들이지 않고 권위가 강요하는 논리에 굴복하지 않으며 비판적 사고를 통해 해법을 찾은 사례다. 그는 산파는 하지 않는 시신 부검이 감염 원인이 될 수 있다는 추론에 근거해서 손 씻기라는 대안을 찾아냈다.

비판적 사고의 역사는 길다. 그러나 교육과정과 결부해서 비판적 사고에 대한 논의가 활발해진 것은 20세기 들어서라고 할 수 있다. 비판적 사고는 고대 철학자들부터 이어져 온 것이지만 비판적 사고 교육을 선도한 것은 1910년부터 1939년에 이르는 존 듀이John Dewey의 저작들이다. 매슈 커츠Matthew Kutz에 따르면 듀이가 과학적 방법을 '반성적 사고', '반성적 탐구'라고 일컬었던 것으로부터 에드워드 글레이저Edward M. Glaser, 데이비드 러셀David H. Russell, 오서널 스미스B. Othanel Smith 등이 진술의 검토를 포함하여 '비판적 사고'라는 개념으로 확장하였다.

구글엔그램뷰어Google Ngram Viewer는 구글북Google Books이 구축한 인쇄본 자료의 디지털 데이터베이스를 기반으로 검색 문자열의 주기를 도표화해서 보여주는데, 이에 따르면 '비판적 사고critical thinking'라는 단어가 등장하는 빈도는 1900년대 초반부터 늘어나다가 1980년 이후 가파르게 상

구글앤그램뷰어에 나타난 'critical thinking'의 사용 빈도

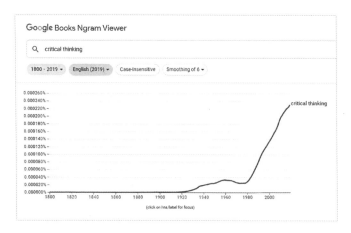

books.google.com/ngrams

승한다.[10] 1980년대는 개인용 컴퓨터가 등장하면서 정보화 사회로 진입하게 된 시대였고, 2000년대는 1990년대에 이루어진 인터넷 상용화와 손쉽게 이용할 수 있는 웹 브라우저 개발을 토대로 인터넷 이용이 폭증하게 된 시기였다. 이 결과는 정보화 기술이 지배하는 현대사회에서 비판적 사고에 대한 관심이 이전보다 월등하게 높아졌음을 보여준다. 그렇다면 이 결과의 배경은 무엇으로 설명할 수 있을까?

비판적 사고를 중요시하는 오늘날의 흐름은 예전과 달리 쏟아지는 지식과 정보를 걸러서 전달해주는 전통적인 게이트 키퍼의 역할이 사라진 것과 관련이 있다. 인쇄술에 기반한 활자 매체로 지식과 정보가 집중되던 시기에는 신문사나 잡지사의 편집자, 미술관과 박물관의 큐레이터, 도서관 사서 등이 많은 자료 중에서 읽을 만한 것을 선별하고 접근하기 쉽게 안내해주는 전통적인 문지기 역할을 했다.[11] 물론 게이트 키퍼의 의도에 따라 가치관이 왜곡되어 전달된 경우가 없지는 않았지만 그래도 정보와 지식에 대한 검토와 판단에 신뢰가 존재했기 때문에 개개인의 비판적 사고가 그다지 강조되는 사회 분위기는 아니었다. 그러나 인터넷과 매체의 발달에 따라 정보와 지식이 생산과 동시에 이용자에게 가닿고, 이전과는 비교할 수 없는 양으로 쏟아져 나오면서 정보와 지식을 선별하고 다듬어서 제공하는 역할 자체에 한계가 나타났다.

더불어 누구나 손쉽게 정보와 지식을 생산하는 시대가 되면서 매체에 대한 권위와 신뢰도 기대하기 어려워졌다. 한때 작가 등용문으로 기능했던 각 신문사의 '신춘문예'는 이제 그 역할이 다한 것처럼 보인다. 누구라도 손쉽게 만인이 볼 수 있는 플랫폼에 소설을 연재하고, 그 소설이 책이 되고 영화가 되는 시대가 되었다. 블로그와 SNS를 통해 꾸준히 자신의 지식을 활용한 콘텐츠를 게시하여 의견을 말할 수도 있고, 이를 출판할 수도 있다. 이처럼 전문가의 역할에 대한 진입 장벽은 낮아졌지만 이로 인해 각 정보와 지식에 대한 접근과 평가, 취사선택은 오롯이 개인의 몫이 되었다. 따라서 이제 단순히 '읽음'으로써 정보의 내용을 아는 것만이 아니라 그 정보가 담고 있는 내용의 진위와 가치, 의도까지도 읽어낼 수 있도록 돕는 비판적 사고의 중요성이 절실해졌다.

비판적 사고를 강조하는 또 다른 흐름은 빅 데이터와 알고리즘에 의한 '생각의 아웃소싱'을 우려하는 견해다. 이 문제는 학술적인 영역뿐 아니라 문학과 예술의 영역에서도 깊이 있게 다루어진다. 켄 리우Ken Liu의 짧은 소설인 「천생연분」은 인공지능이 모든 것을 대신해주는 편리함 이면에 숨은 거대 데이터 기업의 위험을 이야기한다. 이 소설에는 약속 같은 일정 관리는 물론 주인공의 취향을 고려해서 먹을 것, 마실 것, 데이트 계획까지 조언하는 인공지능 틸리가 등장하는데, 틸리의 편리한 보조는 사실 주인공의 사소한 모든 데이터까지도 수집해서 분석하는 기업 기술이 숨어 있기에 가능한 것이었다.

틸리는 주인공의 모든 번잡함을 해결해주는 친절한 AI 지만 반대로 틸리가 제공하는 편리함에 익숙해지면 익숙해

질수록 스스로 생각하고 판단하는 시간은 점점 줄어든다. 소설은 낙관적이지 않은 결말을 보여주는데 실제로도 비관적인 전망을 하는 목소리가 많다. 기술에 의해 아웃소싱되는 기억이 종국에 가서는 생각하지 않는 뇌를 만들게 될 것이라는 니콜라스 카의 주장도 같은 맥락에 닿아 있다. 더불어 저널리즘이 메시지를 전파하는 기술 발전의 속도를 따라가지 못하면서 신이 된 IT기업과 이들에 의한 알고리즘 독재가 횡행하는 현대사회를 비판한 강준만의 주장도 마찬가지다. 게이트 키퍼로서의 역할이 붕괴된 언론 실태를 꼬집으며 알고리즘이 생각을 지배하는 세상의 위험을 이야기한다는 측면에서 그의 주장 역시 비판적 사고의 위기를 일깨워준다고 할 수 있다.

비판적 사고가 사라진 커뮤니케이션은 일방적인 메시지 전달에 그칠 위험이 크다. 그리고 일방적인 메시지 전달은 상호 소통을 전제하지 않는다. 소통하지 않는 관계는 권력의 상하가 뚜렷한 관계이거나 다른 의견을 수용하지 않는 경직된 관계다. 이런 관계에서는 생각하고 말하고 비판하는 모든 과정이 제재를 받는다. 그리고 그것은 바로 리터러시 발현을 억압하는 상황이 된다. 또 비판적 사고가 멈춘 세계에서는 주어진 정보를 검증하지 못하기 때문에 나의 문제를 제대로 해결할 수도 없다. 그러므로 의사소통을 제일의 목적으로 한 리터러시 능력을 구성하는 데 있어 비판적 사고는 맥락을 파악해서 정확하게 소통하도록 하는 힘이자 리터러시의 필수 불가결한 요소다.

●

리터러시의 리터러시, 정보 리터러시

결국 리터러시의 핵심은 비판적 사고에 있다. 비판적 사고는 어떤 주장이 어떻게 정당화될 수 있는가를 숙고해 보는 사고의 사고 과정이다. 철학자들에 따라 비판적 사고의 방법론에 다소 차이가 있지만 비판적 사고 교육은 주로 논증의 분석과 평가에 초점을 맞추며, 논증을 분석하는 과정에는 참조할 정보를 고르고 분석하고 평가하는 정보 리터러시가 반드시 필요하다.

흔히 정보 리터러시를 복잡한 컴퓨터나 ICT 용어를 이해하고 관련된 기기를 다루는 능력으로 오해하지만 사실 우리는 일상생활 속에서 꾸준히 정보 리터러시를 실천하고 있다. 일례로 온라인 쇼핑몰에서 물건을 구매하려고 할 때 우리는 해당 상품에 대한 광고만 보고 구매를 결정하지는 않는다. 대부분 광고는 상품의 장점은 자세히 알려주어도 상품이 가지고 있는 결점이나 사용 시 유의점에 대해서는 친절하게 알려주지 않는다. 그렇기 때문에 우리는 광고뿐 아니라 같은 물건을 구매한 사람의 후기, 상품에 대한 평점, 신문 보도 내용 등을 종합적으로 검색하고 비교해서 구매를 결정한다. 이 모든 과정은 사실 필요한 정보를 고르고, 분석하고, 평가하는 정보 리터러시를 실천하는 행위다.

정보 리터러시는 다른 리터러시 관련 용어에 비해 비교적 일찍 그 개념 및 방법론에 대한 논의가 이루어졌다. 정보 리터러시는 1974년 미국정보산업협회 회장이던 주르코프스키Paul G. Zurkowski가 미국 국가도서관 및 정보위원회National Commission on Libraries and Information Science, NCLIS에 제출한 제안서를 통해 처음 소개되었다. 이에 따르면 정보 리터러시는 정보 기술과 정보 자원을 활용해 문제를 해결하는 능력을 가리킨다. 이후 오랫동안 미국도서관협회American Library Association, ALA와 미국 대학 및 연구도서관협회Association of College and Research Libraries, ACRL가 정의한 정보 리터러시 개념이 통용되었다.

흥미로운 것은 정보 리터러시의 개념과 그 적용이 변해가는 과정인데, 주르코프스키가 1974년에 최초로 정보 리터러시라는 용어를 사용했을 때 그가 우려했던 것은 급속한 정보화에 따른 노동 시장에서의 성과 문제였다. 그는 정보의 기하급수적인 팽창과 직장 내 컴퓨터 도입으로 인해 정보의 유통, 접근, 저장, 검색에 따르는 복잡성 증가가 서비스 산업에서 노동자의 성과에 영향을 미치게 될 것으로 생각했다. 주르코프스키는 정보 리터러시를 경제적이고 조직적인 목표와 연결시켜 정보와 관련한 기술을 개발하고 컴퓨터 기반 직무와 관련된 문제를 해결하도록 하는 능력으로 보았다.

이후 정보 리터러시는 교육에 필요한 필수적인 기량으로 그 중요성이 강조되었는데 이러한 흐름에 가장 크게 호응하고 지지를 보낸 사람들은 사서들이었다. 1980년대와 1990년대 초반까지 정보 리터러시는 사서들의 참고 서비스를 위한 기량이자 학교와 고등교육에서 이제 막 부상하는 기술과 결합된 연구 조사 활동을 위한 역량으로 여겨졌다. 그리고 이러한 흐름에 따라 '정보에 접근하고, 평가하고, 활용하는 능력'이라는 크리스티나 도일Christina S. Doyle의 정의가 폭넓게 받아들여졌다.

미국도서관협회는 1989년 정보리터러시위원회의 최종 보고서에서 정보 리터러시를 "정보가 필요한 때를 인식하고, 정보의 소재를 파악하며, 평가하고, 효율적으로 활용하는 능력"으로 정의했다. 또 미국 대학 및 연구도서관협회는 2000년에 발표했던 '고등교육에서의 정보 리터러시 역량 기준Information Literacy Competency Standards for Higher Education'에서 미국도서관협회 보고서를 따라 "정보가 필요한 때를 인지하고, 필요한 정보의 소재를 찾아내 평가하고 효과적으로 활용하는 데 요구되는 능력의 집합"으로 정의했다.

이 두 단체의 정의는 '정보 리터러시'라는 용어의 선풍적 확산에 기여한 마이클 아이젠버그Mike Eisenberg와 밥 베르코비츠Bob Berkowitz의 Big6 모델과 결합되어 가장 널리 사용되는 정보 리터러시 개념으로 정착되었다. Big6 모델은 정보 문제를 해결하는 전략으로 제안된 교수 학습 모델로 현재까지 다양한 이용자를 대상으로 한 정보 리터러시 교육에 적용되며 과제 정의, 탐색 전략 수립, 소재 파악과 접근, 정보 활용, 정보의 종합 정리, 평가라는 여섯 단계로 구성된다.

이후 컴퓨터의 등장과 정보 통신 기술의 발달로 정보

리터러시에 있어서 ICT 기술에 대한 역량이 강조되었다. 정보 검색, 평가, 활용, 유통 같은 측면이 중요시되면서 정보 리터러시는 때때로 ICT와 관련된 역량을 가리키는 용어로 지칭되기도 했으며, 심한 경우 정보를 탐색하고 검색하는 기술과 동의어로 간주되거나 컴퓨터 리터러시, ICT 리터러시, 디지털 리터러시 등의 용어를 포함하는 포괄적 용어로 사용되기도 했다. 이처럼 정보 리터러시는 관점에 따라 단순히 정보를 찾고 활용하는 기술로 이해되기도 하고, 전략적으로 정보를 찾고 활용하는 사고방식으로 이해되기도 했다. 정보 리터러시를 일련의 기술보다는 '사고방식habit of mind의 개발'이라고 본 대표적인 사례가 Big6 모델이다. 이 모델은 추상적이고 정신적인 과정을 정보와 관련한 실제적인 활동에 적용하는 교육적 실천을 강조한다.

반면 정보 리터러시를 사회적 교류와 소통의 실천에 따르는 역량으로 간주하는 경향도 있는데, 이러한 관점에서는 정보가 놓인 상황, 사회적 현상과 결부된 제도화된 지식처럼 정보가 구축된 결과에 중점을 둔다. 일례로 아네마레 로이드Annemaree Lloyd는 신규 임용된 소방관의 직무 학습과 관련한 정보 활용을 관찰한 결과 소방 직무와 관련해서 기술된 문서뿐 아니라 다른 소방관에게 질문하기 같은 사회적 학습 과정, 훈련을 통해 몸으로 체화한 지식 학습 등 여러 경로에서 필요한 정보를 얻고 있음을 지적하고 맥락과 상황에 따라 필요한 정보를 얻고 활용하는 정보 리터러시가 달라질 수 있다고 하였다.

2010년대 이후 정보 리터러시는 정보의 생산자와 소비자가 구분되지 않고 실시간으로 정보가 공유되고 편집되는 정보 생태계 변화를 수용해서 단순한 정보 활용 능력을 넘어 정보에 대한 반성적 발견과 가치에 대한 이해, 정보의 생산과 윤리적 참여까지를 포괄하는 개념으로 발전하였다. 이러한 개념 정의에는 비판적 자기반성에 기초한 메타인지 개념이 큰 영향을 주었으며, 더불어 정보 리터러시 자체를 메타 리터러시로 재정의하려는 움직임도 일어났다.

토마스 맥케이Thomas P. Mackey와 트루디 제이콥슨Trudi E. Jacobson은 소셜 미디어 환경과 온라인 커뮤니티라는 협력적 기술 혁신이 전통적인 정보 리터러시 개념을 위협한다는 점을 지적하고, 정보 리터러시를 새롭게 떠오르는 기술과 다양한 리터러시 유형을 통합하는 중요하고도 자기 참조적인 틀을 제공하는 메타 리터러시로 재정의할 필요가 있다고 주장했다. 이들에 따르면 새로운 소셜 미디어 환경에서는 정보에 대한 종합적인 이해와 비판적인 평가, 공유

그리고 다양한 형태로 재생산이 이루어지는데 이러한 맥락에서 정보는 단지 접근해서 검색하는 고정된 대상이 아니라 새로운 기술과 함께 자유자재로 전달되고 수정되고 공유하고 참여하는 역동적인 개체가 된다. 따라서 정보 리터러시는 비판적으로 정보를 수용하고 평가하고 활용한다는 점에서 인지 과정에 관한 인지라는 메타 인지 개념처럼 리터러시에 대한 리터러시로서 메타 리터러시라고 정의할 수 있다는 것이다.

이러한 정보 리터러시의 재정의는 일반적으로 이해되는 정보 기능의 범위를 확장시키고, 참여적인 디지털 환경에서 정보를 생산하고 공유하는 것을 특히 강조한다. 결국 다양한 리터러시 개념이 출현하고 사용되지만 리터러시의 핵심은 매체가 전달하는 정보를 제대로 읽고 판단해서 활용할 수 있느냐 하는 것이다. 이것은 비판적 사고력에 기초해 읽고 쓰는 능력을 강조한 전통적인 리터러시 개념에서도 마찬가지다. 그 바탕에는 특정한 주제와 논리적 판단의 근거가 될 정확한 정보에 대한 선별과 숙고의 과정이 포함되어 있다.

즉 어떠한 매체, 어떠한 맥락에서건 정보를 제대로 읽고 판단하기 위해서는 필요한 정보를 찾고 평가하고 활용하는 전 과정에 개입하는 정보 리터러시가 중요하다. 달리 말해서 문자라는 매체뿐 아니라 디지털로 확장된 콘텐츠건, 사회문화적 맥락을 중요시하는 이데올로기적 입장이건 리터러시의 핵심은 비판적 사고에 근거한 정보 리터러시다. 그리고 자신의 인지적 활동에 대한 지식과 조절 능력을 가리키는 메타 인지처럼 정보 리터러시도 리터러시의 숙고와 활용에 관여하는 또 다른 리터러시로서 메타 리터러시로 지칭할 수 있다.

●

매체와 맥락을 아우르는 멀티 리터러시

리터러시의 의미가 변화하는 과정에는 의사소통의 매개로써 매체와 다양한 사회문화적 맥락이 영향을 주었다. 그렇다면 매체와 맥락은 어떻게 리터러시의 발전 과정에 영향을 미쳤을까? 그리고 매체와 맥락은 어떻게 연결될까?

리터러시에 있어 맥락의 중요성은 일반 대중들에게 잘 알려진 '실질 문맹' 논란을 통해서도 확인할 수 있다. 이 용어는 OECD가 각각 2000년과 2008년부터 시행하는 국제학업성취도평가와 국제성인역량조사 결과가 언론에 보도되면서 알려지고 널리 사용된 것으로 볼 수 있다. 본래 국제학업성취도평가는 학생이 필수적인 지식과 스킬을 습득하는지를 측정하는 것이 목적이며, 국제성인역량조사는 노동 시장과 성인 핵심 역량의 미스 매치를 평가해서 직업 교육에 반영함으로써 노동 시장의 효율성을 높이는 것이 목적이다. 이 두 조사는 기본적인 역량으로 리터러시 측정을 포함하는데, 측정 문항은 단순히 글자를 읽는 것을 넘어서 여러 맥락에서 글의 내용을 이해할 것을 요구한다. 따라서 언론 등이 인용하는 '실질 문맹'은 글자는 읽어도 그 내용을 이해하지 못하는, 즉 맥락을 파악하지 못해서 사실상 독해력이 떨어지는 경우를 의미한다. 그리고 이 실질 문맹은 주로 성인의 독해력 수준을 표현할 때 더 많이 언급된다.

그렇다면 문자가 아닌 다른 매체에서의 '읽기'는 어떨까? 문자가 아니면서 문법을 체계화하는 매체로 영화를 들 수 있다. 영화 비평에 흔히 등장하는 '영화 문법'이라는 말은 여러 단어를 문장으로 만들어 생각을 전달하는 글처럼 영화에 사용되는 모든 요소인 이미지, 음향, 음악 등의 비언어적 요소를 활용해 의미와 감정을 전달하는 것을 가리킨다. 즉 시나리오에 기반해서 인물, 사건, 시퀀스로 이루어지는 영화의 서사만으로는 영화를 제대로 이해할 수 없고 카메라, 편집, 음향 등으로 이루어지는 비언어적 영화 문법을

PISA 2018 공개 문항

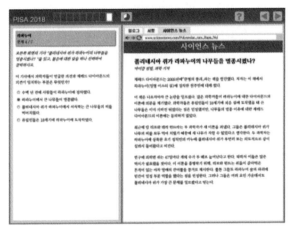

단순 선다형 - 컴퓨터 채점

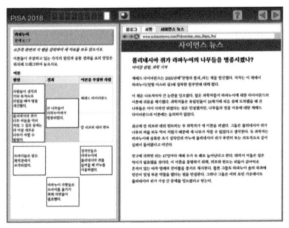

복합 선다형 - 컴퓨터 채점

「PISA 2018」 결과 발표 별첨 자료, 한국교육과정평가원

PIAAC 예제

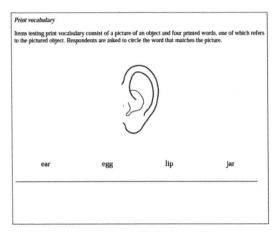

어휘력 테스트 - 그림을 보고 맞는 단어 고르기

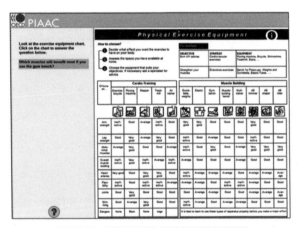

이해력 테스트 - 운동 기구에 대한 설명을 읽고 질문에 대답하기

PIAAC Reading Components-sample items, OECD

이해해야만 제대로 된 영화 읽기가 가능해진다는 것이다. 예를 들어 카메라의 경우 어떤 장면을 어떤 시선에서 어떤 움직임으로 담아내느냐에 따라 전달하는 이미지가 달라지는데 흔히 공포영화에서는 인물의 뒤쪽에서 담는 카메라 움직임이 많이 사용되고, 인물을 비스듬하게 클로즈업하는 것은 불길함을 담는 기법으로 많이 사용된다. 또 영화의 최소 단위인 쇼트shot를 이어 붙이는 편집에 따라서도 서사와 분위기의 전달이 달라지며, 음향의 경우 주제를 강화하거나 반전하는 효과들이 더해진다.

특히 영화 언어에서 중요하게 다루어지는 미장센mise-en-scene이라고 하는 것은 촬영한 이미지 안에 있는 모든 것 즉 단일한 이미지 안에서 관객이 보는 표현의 총체로 배경, 소품, 조명, 의상, 분장, 인물의 행동 등으로 이루어지며 사건 그 자체 외에 무언가를 더 말해주는데 이는 글자 이면의 맥락을 읽는 것과 같다. 즉 매체가 무엇이건 맥락에 대한 이해 없이는 온전하게 그 내용을 파악할 수 없다. 따라서 매체 특성을 이해하는 역량이 리터러시 개념의 적용 범위를 넓히는 요인이 되었다면 맥락에 대한 이해는 매체 변화와 상관없이 리터러시 개념에 있어 필수적인 역량으로 작용해왔다고 할 수 있다.

그렇다면 매체와 맥락의 관계는 어떻게 설명할 수 있을까? 매체와 맥락의 관계를 생각할 때 안드레아스 뵌 Andreas Bohn이 자극-반응 과정과 커뮤니케이션 과정을 구별한 것은 매우 유용하다. 뵌은 발신자, 수신자, 메시지, 채널이라는 4요소로 구성된 커뮤니케이션 모형에서 승차권 발매처럼 기계적인 자동화 과정은 구매자(발신자)가 메시지(승차권을 구매하고자 하는 요구)를 전기선이라는 경로(채널)을 통해 입력하고 자동판매기(수신자)로부터 승차권을 발매 받는 의사소통 과정이지만 해석의 여지가 없다는 점에서 다양한 해석의 여지가 내포된 커뮤니케이션 과정과 구분되는 자극-반응 과정으로 보아야 한다고 했다. 특히 뵌은 의사소통 과정에서 이해의 문제가 메시지 자체의 문제인지 혹은 사용된 채널 즉 매체의 불충분함 때문인지 해명해야 하는 문제가 제기될 수 있다고 보았다.

더 나아가 로만 야콥슨Roman Jakobson은 위의 네 가지 요소에 코드와 맥락이 새롭게 추가된 6요소의 모델을 내놓았는데 맥락은 메시지를 이해하게 만드는 기본 조건을 가리키며, 코드는 메시지의 표현이나 암호화, 해독을 규제하는 기호 체계를 말한다. 여기서 메시지의 이해와 관련된 것은 맥락이고 맥락은 메시지를 매개하는 채널과 메시지의 전달에 사용된 코드에 따라 달라진다.

음성언어나 문자로 소통하는 라디오나 신문, 잡지 같은 언어 매체들은 기본적으로 글자라는 기호를 통해 맥락을 전달한다. 읽고 쓰는 규칙이 약속된 글자를 통해 소리를 구분하고, 그 소리가 결합된 단어를 통해 의미를 전달하는 것이다. 그러므로 언어 매체의 맥락은 대부분 약속된 기호가 상징하는 의미를 파악할 수 있으면 이해할 수 있다. 물론 단순히 글자의 의미를 이해한다는 것과 고차원적인 비유나 풍자, 논리적인 주장을 이해하는 것은 다르지만 난이도의 문제를 떠나면 맥락은 거의 동일한 방식으로 전달된다고 할 수 있다.

반면 사진, 회화, 영상 같은 비언어 매체들은 이미지를 기본으로 하고 있는데, 이때 이미지는 곧 매체 그 자체가 되기도 한다. 뵌에 따르면 이미지는 특정 대상을 모사하는 도상성, 이미지의 흔적을 통해 그 형성 과정을 암시하는 색인성, 관습이나 특정한 텍스트와 결합하여 메시지를 전달하는 상징성 등으로 맥락 정보가 표출되며, 상징적 이미지를 해독하는 일은 텍스트 기저에 있는 지식을 배경으로 삼을 때 가능하다. 예를 들어 이미지 매체로서의 픽토그램은 도상성만으로도 메시지를 전달하며, 덧칠과 재료 등을 통해 이미지 형성 과정을 추적하는 색인성은 해당 이미지의 제작 여건과 다른 관련 상황에 대한 암시를 주고, 동굴벽화나 고대 프레스코화, 종교화 등은 해당 이미지와 연결된 배경지식이 있을 때 그 상징을 이해함으로써 메시지를 해독할 수 있다.

특히 이미지를 기반으로 한 비언어 매체의 경우 기술 발전과 함께 맥락에 대한 이해도 변화했다. 사진은 초기에는 실제의 순간을 포착한 것으로, 연출이나 왜곡에 대한 의혹 없이 사실로 받아들여졌다. 뵌은 사진이 찰나를 즉각적으로 바로 그 순간에 포착함으로써 인지하는 순간과 정착된 이미지 사이에 지연이 발생하는 회화와 달리 인간의 인지 능력을 확장시켜 준다고 보았는데, 이는 사진이 실제를 그대로 반영해주는 매체로 받아들여졌기 때문이다.

그러나 1990년 이래 디지털 사진이 도입되면서 사진은 쉽게 가공, 변조, 조작이 가능한 특성 때문에 기록적 성격을 상실했다. 따라서 이전에 사진에 적용되던 맥락들, 즉 사진은 실제를 반영한다는 전제하에 사진의 메시지를 읽어내기 위해 적용되었던 맥락들은 그 유용성을 잃었다. 대신 예술 사진의 이미지 뒤에 숨은 매체성을 읽어내는 것처럼 사진의 메시지를 이해하기 위한 다른 맥락 정보가 필요하게 되었다.

이미지와 영상은 글자 매체에 비해 메시지를 전달하는 속도가 빠르지만 많은 경우 글자 매체에 비해 맥락 정보가 잘 드러나지 않는다. 따라서 메시지를 이해하는 데 있어 글자 매체에 비해 어려움이 있다. 문장을 다 읽어야 메시지를 이해하는 글에 비해 이미지와 영상은 단 한 컷의 장면만으로도 메시지를 전달한다.

하지만 미국의 여성 사진작가 도로시아 랭Dorothea Lange의 사진 '이주 노동자의 어머니'처럼 그것이 제시되는 맥락에 따라 전달하고자 하는 메시지가 다르게 해석될 수도 있다. 최현주는 '이주 노동자의 어머니'가 포토 저널리즘, 다큐멘터리, 정부 홍보, 예술 사진 장르에서 제시되었을 때 각각 그 사진과 함께 제시되는 글과 사진에 의해 의미가 다르게 프레임 된다는 것을 보여주었다. 저널리즘에 사용되었을 때는 기사 내용의 정확성을 보여주는 증거로, 다큐멘터리 책에서는 내러티브의 전개를 돕는 사실적 기록으로, 정부 홍보에서는 선전물의 도구로, 예술 전시에서는 수용자에게 의미를 개방하는 오브제로서 기능한다는 것이다.

이러한 점은 영상에서도 마찬가지다. 동일한 영상이지만 맥락 정보가 감춰져 있거나 의도적으로 왜곡되었을 경우 메시지에 대한 오독이 생길 수 있다. 결국 온전한 메시지의 이해와 이를 통한 의사소통이 가능하자면 선택된 매체와 매체의 특성에 따른 맥락 정보를 파악해야 하며, 이것이 곧 리터러시 역량의 핵심적인 요소가 된다.

특히 리터러시가 문자뿐 아니라 기술, 영상, 이미지, 심지어 문화적인 태도까지 아우르는 의미로 사용된다고 할 때, 언어에 대한 이해력뿐 아니라 담론이나 메시지 전달 과정에서 나타난 비언어적 요소, 사용된 매체의 특성, 그리고 이 모든 것을 연결하는 맥락까지도 이해하고 활용해야 진정한 리터러시 습득이 이루어졌다고 할 수 있다. 이때 맥락에 대한 이해는 리터러시 수준의 가늠자가 된다. 그리고 이러한 종합적인 파악 능력은 '멀티 리터러시'로 일컬어진다.

멀티 리터러시는 문화적, 언어적 다양성이 증가한 시대적 배경에 따라 의미 형성의 변화와 뉴 리터러시의 출현을 설명하기 위해 1996년 뉴런던 그룹New London Group[12]에 의해 고안된 용어다. 멀티 리터러시는 리터러시를 문자에 국한하지 않고 시각, 음성, 몸짓(제스처), 공간과 결부된 기호체계를 통해 의미를 구성해내는 능력으로 정의한다. 뉴런던 그룹의 멀티 리터러시 논의는 우리 삶이 영위되는 직장, 공공 및 사적 영역이 기술 발달과 다원화된 사회로 급격하게 변화할 것이라는 전망에서 출발했다. 기술 발달에 힘입어 문자뿐 아니라 다양한 상징체계가 커뮤니케이션에 활용되고, 국경이 사라진 교류와 소통이 일상적으로 이루어지면서 단일 언어, 단일 민족 같은 표준적이고 보편적인 언어나 문화로는 더 이상 깊이 있는 소통이 어려워진 현실에 비추어 변화한 상황에 맞는 새로운 리터러시와 리터러시 교육법이 필요하다는 것이다.

멀티 리터러시는 통신 기술 및 매체의 발달이 급격한 오늘날의 커뮤니케이션 상황을 전제한다. 이제 인간의 의사소통 양식은 말과 글 같은 단일 양식을 벗어나 여러 매체가 혼재하는 '다중양식multi modal'으로 변했고, 이로 인해 소리, 이미지, 영상, 음악, 문자 등이 복합된 정보를 한꺼번에 다중적으로 처리할 수밖에 없다. 활자화된 텍스트와 달리 멀티미디어 환경에서의 텍스트는 하이퍼링크로 연결된 여러 글자와 이미지, 소리 등을 넘나들며 정보를 취하고 의사소통한다. 더불어 매체에 반영된 문화적인 배경과 경험, 다언어적인 요소도 정보를 이해하고 소통하는 데 중요한 요건이 된다. 이런 점에서 문자만을 대상으로 단일하고 표준화된 과정으로 수렴했던 이전의 리터러시 교육과정은 변화가 필요하다. 따라서 멀티 리터러시는 흔히 오해하듯 단순히 복수의 리터러시를 가리키는 용어가 아니라 다중양식의 텍스트를 비선형적 방식으로 수용하고 생산하며 유통하는 능력을 의미한다.

1996년 뉴런던 그룹이 멀티 리터러시에 대한 논의를 제기한 이래 이와 관련한 교육 방법이나 모델을 찾아보려는 노력이 계속되었다. 대부분 뉴런던 그룹이 제안한 멀티 리터러시 프레임워크multi literacy framework, MLF에 기초한 교수법 연구가 주를 이룬다. 뉴런던 그룹의 멀티 리터러시 프레임워크는 담화 이론에 기초하며 의사소통을 위한 기호 체계에 따른 의미 생성meaning making 과정을 디자인이라는 개념으로 설명한다.

의미 생성에 있어 디자인 과정은 우선 의미 구성에 활용할 여러 자원을 찾아내는 '가용 디자인available design' 단계에서 출발한다. 이 단계에서는 언어 문법을 포함하여 필름, 사진, 몸짓 등의 기호 체계에 통용되는 문법이 포함된다. 다음은 가용 디자인 단계에서 찾아낸 디자인 요소로 새로운 의미를 표현하는 과정인 '디자인designing' 단계인데 재현representation과 재맥락화recontextualization의 과정을 통해 의미를 형성한다. 단순히 디자인 요소를 반복하는 것이 아니라 가능한 방식으로 디자인 요소를 변화시켜 의미를 만들어낸다. 읽기, 보기, 듣기 등은 모두 이런 디자인 단계에 속한다. 마지막 '재디자인redesigned' 단계는 디자인 과정을 통해 변화된 새로운 의미가 다시 디자인 가능한 요소로 작동하는 단계다. 재디자인된 요소는 역사적 문화적 의미 패턴에 기초하며, 인간이 만들어낸 독특한 산물이 된다.

그리고 역으로 이렇게 생성된 의미를 알기 위해서는 그 의미를 설명하는 언어가 필요한데, 이것이 곧 메타언어다. 메타언어에는 텍스트와 시각적인 것 그리고 서로 다른 의미 형성 과정 사이에 있는 다중 양식적 관계가 포함되며, 의미 패턴을 묘사하고 설명하는 메타언어는 6가지 주요 영역으로 구분하는데 언어, 시각, 청각, 몸짓, 공간 그리고 다중양식이다.

디자인 과정을 통한 의미 형성은 억양, 강조, 말씨 등의 언어 전달 요소와 어휘나 배열 같은 문법적 요소처럼 여러 특성이 조합되어 이루어진다. 예를 들어 "폐암의 사망률은 명백히 흡연율의 증가와 관련이 있다"와 "흡연은 암의 원인이다"라는 두 문장은 같은 내용을 이야기하지만 전자가 과학적인 글에 어울린다면 후자는 저널리즘적인 글에 어울리는 표현이 된다. 그리고 만일 같은 내용을 대중매체를 통해 전달하고자 한다면 단순히 글자만으로 정보를 전달하는 것은 적절하지 못하며, 이미지나 그래프 같은 시각 정보가 더해질 수도 있다. 그리고 그것이 활자 매체인지 영상 매체인지에 따라 적용되는 문법도 달라진다. 우리가 미디어 내용을 이해할 때 그 미디어의 성격과 배치된 사진이나 텍스트의 크기 등으로 숨은 행간을 읽을 수도 있기 때문이다.

이런 모든 요소가 의미 분석을 위한 메타언어가 되며, 때문에 뉴런던 그룹은 멀티 리터러시 교육이 메타언어에 대한 교육이 되어야 한다고 주장했다. 더불어 의미 패턴의 6가지 양식 중에서 특히 중요한 것은 다중양식이라고 보았는데, 그것은 오늘날 대부분의 의미 형성 과정은 양식의 결합을 통해 이루어지며, 다중양식이 여러 다른 양식과 두드러지게 역동적인 관계가 있기 때문이다.

멀티 리터러시는 혼란스러웠던 리터러시 개념화에 해법을 준 것으로 보인다. 그러나 이론적으로는 멀티 리터러시 개념을 수용하면서도 실천에 있어서는 중첩되고 복합적인 다종다양한 리터러시 개념을 각각 사용하는 경향이 여전히 남아 있으며 이것은 리터러시 교육에서도 마찬가지다. 그러나 앞서 말한 읽고 쓰고 말하고 생각하는 복합적인 언어 교육과 메타언어 교육은 서로 다른 내용이 아니다. 제대

로 읽고 쓰고 말하고 생각하기 위해서는 일단 언어를 알아
야 하고, 보고 들은 것을 바탕으로 정보를 판단해야 하며,
상대의 몸짓과 공간이 부여한 맥락을 이해해서 적절한 양
식을 통해 의사소통할 수 있어야 한다. 이 모든 과정은 다
중양식의 결합을 통해 이루어지는 의사소통의 과정이다.
결국 오늘날 우리에게 필요한 리터러시 교육은 멀티 리터러
시를 제대로 고양시킬 수 있는 메타언어 교육이며, 통섭적
인 리터러시 교육이라고 할 수 있다.

4

리터러시 실천과

도서관

●

리터러시는 실천이다

사전적 의미로 생각하는 바를 실제로 행하는 것을 실천이라고 한다. 리터러시가 단순히 글을 읽고 이해하는 능력을 가리키건, 다양한 미디어와 결합한 새로운 방식의 읽기와 표현하기를 아우르는 능력을 가리키건 사회 속에서의 의사소통이 가장 큰 목적이라고 할 때 실천을 떠난 리터러시는 무의미하다. 그리고 이때 실천은 자발적으로 거부하지 않는 한 우리 삶 속에서 늘 조우하는 일련의 과정이며, 삶의 양식이라고 할 수 있다. 물론 심산유곡에서 홀로 살아가는 사람이라면 리터러시 실천이 선택과 일상의 궤도에 있지 않을 수도 있지만 그것은 일반적이지 않다.

리터러시 실천이 이루어지는 장場은 다양하다. 학교는 물론 가정, 직장, 동호회 등 인간 사이의 만남이 이루어지는 모든 곳에서 리터러시 실천이 이루어진다. 비대면 온라인 공간도 마찬가지다. 학교에서 학습에 필요한 용어와 문법 중심의 리터러시 교육이 이루어진다면, 가정에서는 부모와 자녀, 형제자매 등의 가족관계를 중심으로 일상 언어에 대한 학습이 이루어진다. 전자가 의도된 리터러시 실천의 성격이 강하다면 후자는 의도하지 않지만 꾸준하게 내면화됨으로써 사회적 관계에서 그 결과를 드러내는 암묵적인 리터러시 실천이 된다고 볼 수 있다.

마찬가지로 직장의 경우 사회적 관계에 더해 직무와 관련한 용어와 어법과 문법이 통용되는 또 다른 리터러시 실천이 이루어지며, 특정 주제의 동호회 역시 마찬가지다. 또 비대면으로 이루어지는 온라인 모임의 경우 앞의 여러 리터러시 실천에 더해 매체 활용과 이로 인해 차이가 생긴 상황과 맥락에 대한 이해가 추가될 수 있다.

이처럼 리터러시 실천은 우리 생활 곳곳에서 이루어지며, 다만 실천되는 리터러시의 수준과 대상에 차이가 있을 뿐이다. 리터러시는 실천을 통해 습득되어야 하는 역량이지만 실제 실천 과정에서 가장 어렵게 느껴지는 장애 요인은 바로 리터러시가 지닌 암묵지[1]적 성격이다. 앞서 언급한 대로 리터러시가 단순히 글을 읽고, 이해하고, 활용하는 능력뿐 아니라 매개가 되는 매체 문법을 이해해서 의사소통하고 효과적으로 메시지를 전달하는 복합적인 능력이라고 할 때 리터러시 역량 강화는 리터러시를 명확하게 가르치고, 평가하고, 학습할 수 있는 교재나 매뉴얼만으로 이루어지지 않는다. 오히려 가정과 직장, 학교 같은 일상생활 속에서 체화된 지식이 쌓여 개개인의 리터러시 역량 차이를 만들어낸다고 보아야 한다. 그렇기 때문에 국민의 리터러시 역량을 향상시키고자 한다면 개개인을 대상으로 한 교육보다는 사회시스템 전반을 그에 맞게 변화시키는 것이 더 중요하다.

일상생활에서 리터러시의 실천과 발달의 관계를 보여주는 것으로 히스Shirely Brice Heath의 연구를 들 수 있다. 1982년에 발표된 히스의 연구는 미국 남부의 백인 중산층 공동체, 백인 노동자 공동체, 흑인 노동자 공동체를 비교한 연구를 통해 잠자리에서 동화책을 읽어주는 일상적인 리터러시 실천이 언어를 통한 아이의 사회화 과정에 차이를 만들어내고 학교에서의 언어 사용과 학습에도 영향을 미친다는 것을 보여주었다.

인간의 의사소통에 있어 가장 기본이 되는 말과 글은 학교 교육과정에서 배우는 것과 일상생활에서의 실천에 차이가 있다. 우리는 교과를 통해 사회가 요구하는 규범, 공적 영역에서 통용되는 어휘에 바탕을 둔 글쓰기와 말하기를 배우지만 이것들이 실제 친구 관계나 직장 등의 생활 영역 혹은 인터넷 가상공간에 그대로 통용되는 것은 아니다. 젊은 세대가 은어, 유행어, 인터넷 신조어, 새로운 표기법 등을 만들어 사용하면서 성인의 언어문화와 다른 문화를 지향하는 것이나 문자 텍스트의 상호작용을 보완해주다가 이를 대체하게 된 이모티콘처럼 실생활에서 의사소통은 상호 교류하고 소통하고 변화하면서 끊임없이 창조 혹은 재창조된다. 그렇기 때문에 교육을 통해 배워서 익히는 것보다 실생활에서 교류하면서 습득하는 언어 습관이 의사소통에 더 큰 영향을 준다. 이것은 결국 가족, 친구, 동료 등 주변인들의 리터러시 수준이 나의 리터러시 수준에 더 큰 영향을 미치게 된다는 뜻이다.

다른 한편으로 우리의 생활환경이 변하면서 그에 따라 배우고 적응해야 할 것들도 달라졌다. 칠판 대신 태블릿을 사용하고, 통장 대신 은행 애플리케이션을 쓰고, 전화 대신 휴대폰으로 열차표를 예매하는 환경에서는 어쩔 수 없이 이에 적응해야 한다. 누군가는 좋은 휴대폰, 끊김 없는 와이파이, 이미 이런 환경에 적응한 가족 구성원이 있어서 쉽게 필요한 리터러시를 습득할 수 있지만 또 다른 누군가는 대부분 시간을 홀로 지내고, 늘 휴대전화 요금을 신경 써야 하고, 공공 와이파이가 있는 곳을 찾아다녀야 한다면 앞의 경우와는 전혀 다른 속도로 새로운 리터러시를 습득하게 될 것이다.

이처럼 언어적이건 비언어적이건, 매체에 대한 이해력이건 간에 리터러시 습득의 대부분은 우리 삶 속에서 익히는 경우가 많기 때문에 리터러시를 향상시킨다는 것은 삶의 조건을 개선시키는 것과도 관련이 있다. 그러나 개개인의 삶의 조건을 끌어올리는 일은 국가 전체의 발전과 잇닿아 있고, 평균적으로 삶의 조건을 개선시키더라도 언제나 사각지대는 존재한다. 바로 이 부분에서 공공도서관의 리터러시 실천이 중요한 의미를 갖는다고 생각한다. 모두의 삶이 같은 리터러시 환경에 속할 수는 없지만 적어도 같은 수준의 리터러시 환경을 평등하게 제공하는 공적 영역이 도서관이기 때문이다. 공공도서관은 남녀노소, 이민자, 장애인 누구에게라도 활짝 열려 있고, 도서관이 구축한 어떤 자료를 이용하더라도 비용을 요구하지 않으며, 이용자의 삶 속에서 응용할 수 있는 여러 지식을 나누는 프로그램을 끊임없이 제공하는 곳이다. 이런 공공도서관이야말로 삶 속에서 배우고 익히는 리터러시 실천에 매우 유용한 기관이고, 공동체의 리터러시 실천을 함께 가꾸어 나갈 수 있는 곳이기 때문에 리터러시와 관련된 공공도서관의 역할에 다시 주목했으면 한다.

배려와 존중, 공동체 리터러시의 필요조건

　　인간의 사회적 관계에서 생겨나는 사회적 상호작용은 협동, 경쟁, 갈등의 양상으로 나타난다. 그리고 이러한 사회적 상호작용은 의사소통 결과에 영향을 받는다. 어떤 상호작용이 바람직하고 어떤 상호작용이 바람직하지 않다고 단편적으로 이야기하기는 어렵지만, 갈등이나 경쟁 상황을 해결하거나 협동을 이끌어내기 위한 의사소통이 필요할 때 그 충격을 완화하고 문제가 길어지는 상황을 방지하려면 상호 존중의 태도가 중요하다. 갈등상태에서 상대를 폄하하는 표현, 무시하는 몸짓 같은 행위가 상호작용에 걸림

돌이 될 수 있음을 인식한다면 좀 더 효과적인 의사소통이 가능해진다.

더불어 상호작용이 배제된 의사소통의 위험성도 인지할 필요가 있다. 타인의 참여를 가로막는 것은 진정한 의사소통 목적에 위배되며, 상호작용의 기반 위에서 소통을 통해 공통된 규범을 쌓아가는 리터러시 습득에도 장애가 된다. 상호작용이 배제된 리터러시가 공적 영역과 결합되었을 때 위르겐 하버마스Jürgen Habermas가 명명한 중세의 '과시적 공공성'으로 추락할 위험이 있으며, 프레이리가 우려했듯 피억압자에게서 말을 빼앗는 억압 장치로 변질될 가능성이 있다. 디지털 기술의 진보가 만들어낸 사이버공간은 평등한 조건에서 서로 연결되고, 쌍방향 소통이 가능하며, 참여가 쉬운 장점이 있지만 이렇게 바람직한 상호작용의 문화가 가능하려면 공동체 문화를 지켜 나갈 존중과 배려가 필요하다.

우리는 언어를 통해 감정과 생각을 공유하고, 필요한 것을 다른 사람에게 요청한다. 의사소통이 잘 이루어졌을 때 우리는 여러 가지 효용을 얻을 수 있다. 필요한 것을 빨리 획득하거나, 재빠른 대처로 위험을 피하거나, 타인의 공감과 위로를 받을 수도 있다. 하지만 의사소통이 제대로 이루어지지 않았을 때는 그 반대의 고통과 불편을 겪을 수 있다. 뿐만 아니라 극단적인 경우 신체적 위해와 목숨을 빼앗는 비극으로 치닫기도 한다. 오랫동안 친분을 유지했던 한국인과 중국인의 술자리가 번역 앱의 오류 때문에 살인으로 끝난 사건[2]은 의사소통이 외국어라는 한계에 부딪힌 안타까운 결과지만, 같은 언어를 사용하면서도 소통이 되지 않아 오해로 빚어지는 다양한 비극은 비일비재하다. 우리에게는 잘 실감되지 않지만 끊임없는 내전과 사회적 갈등으로 혼란을 겪는 나라 대부분은 서로 다른 언어를 쓰는 민족으로 구성된 경우가 많다.

의사소통의 전제는 타인의 존재이며, 사회는 다종다양한 타인의 집합이라고 할 때 의사소통은 개인의 생존 도구일 뿐 아니라 사회를 지탱하는 수단이기도 하다. 의사소통에 어려움을 겪는 사회는 그 사회의 규모와 성격에 상관없이 구성원의 삶이 불행할 가능성이 높다. 가족, 친구, 동료 같은 모든 사회적 관계의 파국은 대부분 소통 오류에서 시작한다. 말과 글의 사용은 단순히 어휘와 문법의 문제에 국한되지 않는다. 정확한 어휘와 규칙에 맞는 문법을 사용한다고 해서 상대와의 소통이 모두 원활해지지는 않기 때문이다. 그보다는 내가 소통하고 싶은 대상에 대한 배려와 이해 즉 인간에 대한 예의에서 출발한다. 무턱대고 내가 하고 싶은 말만 하거나, 상대방의 주장에 대해 경청하지 않거나, 대상과 상황에 맞지 않는 표현과 화법을 구사한다면 아무리 적절한 문법과 어휘로 이루어진 말과 글이라도 상대의 마음을 열지 못한다. 리터러시 교육이 단순히 언어나 매체에 대한 교육에 그칠 수 없는 이유다.

때문에 각각의 상황과 맥락, 매체에 맞는 말과 글을 교육하는 것과 함께 교육 외적 공간 즉 일상의 실천 속에서 말과 글의 사용과 그 의미에 대한 사회적 관심과 담론도 확대되어야 한다. 보다 더 근본적으로 어쩌면 우리는 고대 철학자들처럼 경청하고 대화하는 법을 배우는 교육으로 되돌아가야 할지도 모른다. 설득과 토론을 위한 수사학은 각각의 사안과 관련해 거기 내재된 설득력 있는 요소를 찾아내는 것이며, 논리적 추론에 해당하는 로고스logos, 화자의 신뢰와 관련된 성품으로서의 에토스ethos, 청중의 감정에 호소하는 파토스pathos라는 세 가지 설득 수단을 설파한 아리스토텔레스의 말이 언어를 다루는 리터러시 역량 요소와 별반 다르지 않기 때문이다.

●

사이버공간의 윤리와 리터러시

　　다른 한편으로 오늘날 만연하는 사회문제 가운데는 디지털 환경에서 벌어지는 갈등과 범죄가 많은 비중을 차지하고 있다. 얼마 전 국내를 떠들썩하게 했던 N번방 사건이나 국제적인 범죄로 많은 공분을 자아냈던 아동 성착취물 불법유통 사건 같은 강력범죄가 아니더라도 사이버공간에서 벌어지는 폭력으로 인한 피해는 이미 일상적인 것이 되었다. 익명에 숨어 타인에게 댓글로 가하는 언어폭력, 동의 없이 폭로된 사생활, 사이버공간에서의 따돌림 같은 문제와 문자, 메신저, SNS 등에 올라온 메시지를 읽고도 응답하지 않는다는 뜻의 '읽씹'이라는 단어의 출현까지 현실 생활 속에서라면 쉽게 할 수 없을 일탈 행동이 사이버공간에서 성행하면서 사회윤리 붕괴에 대한 우려가 점점 커지고 있다.

사회윤리 문제가 거론되는 지점에는 사회 환경의 변화가 놓여 있다. 혼인으로 엮인 남녀와 그 자녀로 이루어진 집단을 가리켰던 전통적인 가족 개념은 이제 동성 부부, 비혈연 구성원 등으로 다양해지면서 예전과 다른 가족관과 가족을 둘러싼 윤리 규범의 변화를 요구하게 되었다. 개인 존중과 인권 개념의 강화는 아동학대나 가정폭력, 데이트폭력처럼 과거에는 개인 차원의 윤리 문제로 거론되었던 것을 이제는 강력한 법의 제제를 동반하는 사회윤리로 받아들이게 만들었다. 특히 정보 통신 기술의 발달로 현실 세계의 모든 것이 가상 세계로 대체되는 오늘날에는 가상 세계를 현실적 윤리 규범이 적용되는 공간으로 인정하고 이에 대해 합의된 질서를 만들고 공유할 필요가 있다.

실제로 디지털 기술이나 가상 세계를 낯설어하고, 최근의 경험으로 인식하는 기성세대와 이미 그 경험이 새롭지 않고 친근한 젊은 세대 사이에는 가상공간에 대해 느끼는 온도 차이가 있다. 2021년 서울시가 발표한 초·중·고등학생 디지털 성범죄 피해 실태에 따르면 청소년 5명 중 1명이 채팅이나 SNS 등을 통해 디지털 성범죄 위험에 노출된 경험이 있음에도 불구하고 온라인 공간을 위험하게 인식하기보다는 모르는 사람과도 친구가 될 수 있는 안전한 공간으로 느끼고 있었다.

청년공으로서의 경험을 자전적으로 써 내려간 천현우의 산문집 『쇳밥일지』에는 가상공간에서 느끼는 편안함에 대해 다음과 같은 기술이 있는데 이것 또한 많은 사람에게 현실 공간에서의 사회적 친교와 일상이 가상으로 대체되고 있음을 보여준다.

모니터 속의 세계에선 가난 때문에 차별받지 않았다. 타인에게 거절당해도 상처가 남지 않았고, 혐오하는 이와 적대해도 아무런 부담이 없었다.[3]

하지만 '거절당해도 상처가 남지 않고', '혐오하는 이와 적대해도 아무런 부담이 없었다'는 진술은 바꾸어 말하면 가상공간을 현실과는 분리된 공간으로 받아들이고 있다는 의미이기도 하며, 현실 세계와는 다른 행동을 해도 별다른 타격이 없는 공간이라는 뜻이기도 하다. 실제로 사이버공간에서는 타인에 대한 배려가 쉽게 무시되고, 현실 세계와 달리 윤리적인 제재가 힘을 발휘하지 못하는 경우가 많다. 실재하는 '나'를 드러내지 않는 사이버공간에서는 쉽게 폭언, 욕설, 혐오 표현 등의 폭력이 이루어지지만 이것을 현실에서처럼 심각한 범죄로 여기지 않는다. 그러나 이러한 사이버폭력은 피해자에게 우울과 불안 등의 부정적 정서를 느끼게 하고, 심한 경우 인간관계의 어려움을 경험하게 만들며 사회생활에도 부정적인 영향을 준다.

일반적으로 한 사회의 구성원으로서 마땅히 지켜야 할 도리나 행동 기준은 윤리적 규범으로서 교육을 통해 체화되고, 사회적 이목이나 법체계를 통해 통제되거나 강제된다. 사이버공간이 등장하기 이전까지는 이런 규범적인 통제가 이루어졌지만 사이버공간이 출현하면서 기존의 윤리 규범이 잘 적용되지 않는 현상이 나타났다. 사이버공간은 누구에게나 열려 있고, 개인에 대한 정보가 잘 드러나지 않기 때문에 비교적 평등한 관계로 참여하고 편견 없이 인정받을 수 있다는 장점이 있다. 하지만 아담 츠미엘레브스키 Adam Chmielewski의 지적대로 많은 사람이 사이버공간에 들어갈 때 다른 공간에서 확립된 도덕 규칙을 준수하지 않아도 된다고 느낌으로써 현실의 윤리 규범에서 일탈하는 경우가 생긴다.

이것은 현실 공간과 사이버공간을 분리하는 의식의 흐름에 따른 것일 테지만 실제로 현실과 가상 사이의 경계는 점점 사라지고 있으며, 일상의 많은 것이 이미 사이버 세계로 옮겨진 상태다. 이제 현금을 인출하기 위한 경우가 아니라면 굳이 점포나 ATM기를 찾아갈 필요 없이 핸드폰 애플리케이션 하나로 대부분의 은행 업무를 볼 수 있다. 실제로 시중 은행의 점포 수는 매년 꾸준히 줄어들고 있다.4 대면 거래를 위한 점포가 줄어드는 것은 은행의 경우만은 아니다. 전자상거래 시스템 발달과 비대면 소비 트렌드에 따라 대형마트 점포 수도 감소세에 있다.

더구나 코로나19의 장기화로 예전에 대면으로 이루어지던 많은 부분이 사이버공간으로 옮겨갔고, 메타버스와 유튜브 채널의 붐과 함께 떠오른 '부캐'는 현실과 가상 사이의 구분이 무의미할 지경에 이르렀음을 그대로 보여준다. 본래 자신의 인격과 다른 제2의 자아(부캐)를 창조하고 이를 통해 다른 사람과 소통하며 심지어 비즈니스도 이끌어 가는 부캐문화는 주로 온라인을 통해 번성하고 있다.

이런 상황에서 사이버공간의 윤리 약화는 리터러시 측면에서도 다양한 문제를 일으킨다. 점점 더 많은 비중을 차지하는 사이버공간에서의 접촉이 현실 세계의 대면 접촉을 대신하면서 기존의 규범을 일탈한 행동이 제재 없이 수용되는 것처럼 현실에서의 의사소통이라면 용납되지 않을 무례함과 비정상적인 언어 습관이 어린 세대를 중심으로 여과 없이 학습될 우려가 있기 때문이다. 실제로 비대면으로 이루어지는 사이버상의 대화에 의해 비속어와 언어폭력 같은 문제가 상당 부분 강화된다는 지적이 많다. 정규 교과 과정뿐 아니라 생활 속 실천을 통해 습득되는 리터러시의 암묵지적 성격을 생각하면 현실과 가상의 경계가 점점 희미해지는 오늘날 사이버공간에서의 리터러시 위기는 곧 현실의 리터러시 위기가 된다.

딥 러닝을 통해 인간 언어를 학습했던 챗봇 '이루다'의 서비스 중단 사태가 단적인 예다. 이루다는 인공지능이 채팅창을 통해 질문에 응답하는 형식의 고객 응대 등에 활용하는 채팅 로봇, 즉 챗봇으로 개발되었다. 대학에 입학한 20대 여성으로 설정된 챗봇 이루다는 인간과의 대화를 통해 인간의 언어를 학습하는 딥 러닝 방식을 채용했다. 그러나 서비스가 시작되고 얼마 지나지 않아 성소수자에 대해 '혐오스럽다'거나 장애인에 대해 '인생 잘 못 살았음'과 같은 응답을 해서 차별과 혐오를 학습한 것 아니냐는 논란을 불러일으키며 서비스가 중단되었다. 이루다 사태는 익명의 대화가 성행하는 가상공간에서 윤리 부재가 어떤 위협이 될 수 있는지를 보여주었다. 앞으로 일상생활의 많은 부분에 활용될 AI를 생각하면 혐오와 차별을 학습한 AI가 인간에게 어떤 위해를 가하게 될지 알 수 없다는 점에서 가상공간에서의 윤리, 디지털 윤리에 대한 각성이 요구된다.

이제 우리가 일상생활에서 경험하고 나누는 커뮤니케이션의 대부분은 디지털 매체를 경유한 온라인 공간으로 전이되었고, 그러한 영역에서의 커뮤니케이션 행태는 대면 의사소통에서의 언어 사용이 또래 집단이나 준거집단의 영향을 받는 것처럼 온라인에서 소통하는 나와 연결된 불특정 다수로부터 학습된다. 그러므로 온라인 공간의 의사소통에서 바람직한 리터러시 실천이 이루어지려면 공론장으로서 온라인 공간에 대한 사회적 논의가 전제되어야 한다. 그렇지 않고서는 혐오 언어와 가짜 뉴스에 근거한 조리돌림, 인격 살인으로 이어지는 개인정보 침해 등으로 얼룩진 인터넷 공론장에서 바람직한 리터러시 실천을 기대하기는 어렵다.

더불어 다양한 교양교육을 통해 새로운 사회윤리를 널리 전파할 필요도 있다. 실제로 방송통신위원회가 2022년에 발표한 사이버폭력 실태 조사에 따르면 상당수 청소년 (29.2%)과 성인(15.7%)이 사이버폭력을 경험했고 두 집단 모두 우울과 불안 등 부정적인 영향을 느꼈지만 사이버폭력에 대한 인식에는 차이가 있었다. 89.5%가 사이버폭력 예방 교육을 받은 청소년 집단에서는 33.7%가 사이버폭력의 법적 처벌 가능성을 인지하고 있었던 반면에 9.6%만이 예방 교육을 받은 성인 집단은 21.7%만이 그 가능성을 인지하고 있는 것으로 나타나 사이버폭력 예방 교육의 필요성을 보여주었다.

　현실 세계보다 복잡하고 다차원적인 디지털 공간에서의 윤리는 타인과의 공동생활을 위해 지켜야 할 도덕적 기준이자 우리 삶 속에서 윤리적인 관계 형성이 가능하도록 하기 위한 것이다. 더불어 디지털 공간에서 지켜야 할 윤리에 대한 교육은 비대면 방식의 의사소통에서 필요한 올바른 언어와 상호작용의 학습에도 도움을 주고, 이를 통해 온라인 공간에 바람직한 리터러시 실천의 장이 마련될 수 있기 때문에 제도권 교육을 포함해서 전방위적으로 전개될 필요가 있다. 심각한 피해를 끼쳐 사법적인 처리가 필요한 디지털 범죄가 아니더라도 비대면 대화의 예절, 가상공간을 이용하는 데 따르는 규칙, 매체별 바람직한 활용 기준에 대한 사회 구성원의 합의된 규범이 있어야 한다. 그래야만 점점 더 가상과 현실의 경계가 사라지는 우리 사회에서 상호 간에 바람직한 관계와 활동을 갈등 없이 이어 나가는 가운데 서로를 존중하고 배려하는 리터러시 역량도 함께 키워 나갈 수 있을 것이다.

●

챗GPT와 기술을 대하는 자세

최근 들어 전 세계의 이목을 집중시킨 키워드로 '챗 GPTChatGPT'를 첫손에 꼽을 수 있다. 2022년 12월 공개된 대화형 인공지능 챗GPT는 등장과 동시에 많은 화제를 불러일으켰다. 국내 54개 언론사가 참여하는 뉴스 빅데이터 분석 사이트 빅카인즈bigkinds.or.kr에서 '챗GPT'라는 키워드로 검색하면 2022년 11월 1일부터 2023년 5월 10일까지 총 6,915건의 기사가 검색되는데 관련 기사가 급속도로 증가하기 시작한 시기는 2023년 1월이었고, 가장 많은 기사가 2023년 2월에 쓰인 것으로 나타났다. 언론뿐 아니라 다양한 매체를 포함한다면 아마도 챗GPT는 인류 역사상 단일 키워드로 가장 많이 언급된 화제성을 가진 몇 단어 중 하나로 꼽힐지도 모른다.

그러나 챗GPT를 둘러싼 이러한 화제보다 더 관심을 쏟아야 할 것은 챗GPT를 둘러싼 담론의 진행 방향이다. 담론의 진행 방향은 이후 이어진 대조적인 기사들을 통해 살펴볼 수 있다.

우선 챗GPT의 무한한 가능성과 사업적인 파급력에 집중한 기사들이 담론의 한 방향을 보여준다. 챗GPT는 2015년 인류에게 유익한 방향으로 인공지능을 개발하겠다는 목표를 가지고 비영리단체로 설립되었던 OpenAI가 내놓은 대화형 인공지능이다. 하지만 OpenAI는 2019년에 마이크로소프트사로부터 10억 달러의 투자를 받았으며 MsOffice 등 마이크로소프트의 여러 서비스에 탑재되고 있다. 그리고 OpenAI 설립 당시 창립 멤버였던 테슬라 CEO 일론 머스크는 챗GPT 공개 이후 새로이 인공지능 회사를 설립함으로써 챗GPT로 촉발된 생성형 AI 경쟁 대열에 합류했다. 또 구글 역시 뒤따라 생성형 AI '바드Bard'를 출시해 여러 제품에 적용하겠다는 계획을 발표했다.

검색엔진, 광고, 클라우드, 인공지능 비서처럼 원천기

술을 활용하는 것 말고도 챗GPT 공개 이후 생성형 AI와 관련한 관심과 호응은 여러 분야로 확장되고 있다. 그중 하나는 챗GPT와 관련된 강좌와 출판 등인데 챗GPT와 관련된 서적은 챗GPT 공개 이후 불과 6개월 정도 기간에 이미 수백 종을 넘고 있다.[5] 대부분은 생소한 챗GPT를 활용하는 방법과 챗GPT와의 간단한 문답을 내용으로 하는 것이어서 새로운 기술에 대한 성실한 고증과 통찰을 반영하기보다는 사람들의 호기심에 부응한 새로운 아이템으로 소진된 것처럼 보인다.

하지만 챗GPT를 이용해서 작문을 하고, 그림을 그리고, 유튜브 채널을 만드는 방법을 아는 것이 당장 우리가 이 기술을 수용하는 데 시급한 일일까 하는 의문이 든다. 챗GPT는 좀 더 발전한 형태의 인공지능이고 앞으로 어떻게 발전해 나갈 것인지에 대해서는 기대와 우려가 공존하는 상황이다. 많은 기업이 인공지능 경쟁에 몰두하고, 인공지능이 새로운 사업 기회가 될 것이며, 인공지능으로 인해 우리 삶이 얼마나 더 편리해질지를 말하는 넘쳐나는 이야기들 뒤로 인공지능의 위협에 대한 어두운 목소리도 있음을 생각해보아야 한다.

실제로 '인공지능의 대부'라는 별칭을 가지고 있는 제

프리 힌턴Geoffrey Everest Hinton은 2023년 5월 구글을 그만두며 AI의 위험성을 경고하고, 자신의 업적을 후회한다고 말했다. 인공지능에 대한 제프리 힌턴의 우려는 이미 챗GPT와 같은 인공지능이 인간보다 더 뛰어난 학습능력을 가지게 되었고, 추론 영역에서조차 인간을 넘어설 수 있게 되었으며, 스스로 자신만의 목표를 만들어 동기부여 할 수 있는 수준에까지 이르면 통제하기 어려울 수도 있다는 점 때문이다. 그리고 "인공지능이 직접 레버를 당길 수는 없더라도, 분명히 우리가 레버를 당기게 할 수는 있다"는 말로 그 우려를 명확히 했다.

제프리 힌턴의 우려는 켄 리우의 소설 「루프 속에서」에서 더 구체화되어 실감 가능한 공포로 등장한다. 전쟁에서 드론으로 적군을 살상하는 임무를 맡았다가 귀환 후 그 트라우마로 인해 스스로 목숨을 끊은 아버지를 가진 카이라는 "더 인간적이고 더 문명화된 형태의 전쟁"을 수행한다는 기치를 내건 군용 로봇 공학 회사에 개발자로 취직한다. 인간이 스스로 조이스틱을 움직이지 않고도 드론이 적을 식별해서 공격하도록 하는 프로그래밍 작업을 맡은 카이라는 테러 용의자를 식별하기 위해 성별, 인종, 나이 등을 좀 더 정교하게 분별할 수 있도록 여러 변수를 프로그래밍 하지만 무고한 어린아이가 죽는 사고가 나고, 결국 기계화된 전장에서는 인간이 아닌 전쟁 기계가 누구를 죽일지를 결정할 뿐임을 보여주는 것으로 소설이 끝난다.

최근 영화로도 만들어진 물리학자 오펜하이머Julius Robert Oppenheimer의 이야기 역시 비극적이다. 그는 핵폭탄 개발에 주도적인 역할을 했지만 실제 폭격으로 대량의 인명이 살상되자 평생 죄책감에 시달리며 수소폭탄 개발에 반대했고, 이로 인해 매카시즘의 광풍 속에서 온갖 수모를 겪었다. 그가 개발한 핵폭탄의 핵심 기술인 핵분열은 무기 제조에도 이용되지만 원자력 발전에도 이용된다.

이처럼 기술에는 양면성이 있다. 건설 현장이나 광산에서 유용하게 사용되는 다이너마이트도 전쟁에서는 무기가 된다. 인간이 다루는 정보와 지식의 가능성을 무한대로 확장시킨 인터넷 또한 다른 한편으로 범죄의 온상이 되기도 하며, 효율성 높은 작물 재배나 난치병, 불치병 등의 치료에 효과적이지만 인간배아의 편집을 통한 선택적 출산 등으로 윤리적인 논란의 대상이 되는 유전자 가위[6]도 마찬가지다.

챗GPT는 생성형 AI가 스스로 그림을 그리고, 작곡을 하고, 문학 작품을 써내는 등 창작 활동까지 가능함을 보여주면서 인류에게 적지 않은 충격을 주었다. 실제로 챗GPT 와의 문답만으로 엮은 김대식의 책 『챗GPT에게 묻는 인류의 미래』(동아시아, 2023)를 보면 사랑, 정의, 행복, 신, 죽음 같은 화두를 놓고 기계가 이렇게까지 인간과 대화할 수 있다고? 놀라움 을 느끼게 된다. 물론 이런 수준의 대화는 질문하는 저자의 역량 때문이다. 그리고 챗GPT 활용에 있어 질문의 중요성은 인공지능이 잘 역할할 수 있도록 적합한 지시어를 내려주는 '프롬프터 엔지니어'라는 신종 직업을 낳았다. 하지만 인공지능에게 적절한 질문과 과제의 제시를 지원하는 이 직업은 한때 열풍이 불었다 사그라진 '정보 검색사'처럼 미래에는 직업이라기보다 기본 역량이 될 가능성이 높다는 지적도 있다.

방대한 양의 학습을 기반으로 포괄적이고 두루뭉술한 답변을 하는 챗GPT는 질문에 따라 서로 다른 답을 만들어낸다. 특정한 조건을 잘 입력하기만 하면 순식간에 드라마나 수준이 다른 에세이를 쓸 수도 있고, 엄청난 양의 문서를 단 몇 페이지로 요약할 수도 있다. 긍정적으로 보면 몇줄의 글을 쓰기 위해 많은 양의 자료를 읽어야 하는 수고를 덜어주기도 하지만 김대식의 표현대로 거짓말을 너무 스타일리시하게 잘 만들어내서 가짜 뉴스를 대량 생산할 위험도 있다.[7] 그러므로 챗GPT의 장점을 고려할 때 챗GPT가 주는 답변에 들어 있는 정보를 이용해서 분석하고 한 단계 더 나아가는 아이디어를 개발하는 식으로 인간과 경쟁하는 대체재가 아니라, 인간에게 도움을 주는 보완재로 사용해야 한다는 주장에 힘이 실린다.

아이러니한 것은 이러한 전망이 역설적으로 리터러시의 중요성을 보여준다는 점이다. 테슬라의 전 AI 책임자인 안드레이 카피시Andrej Karpathy가 남긴 "가장 인기 있는 새로운 프로그래밍 언어는 영어"라는 트윗도 같은 맥락이다. 기술이 발전하면서 기계어로 코딩하는 역량이 아니라 자연어로 질문하는 역량이 더 중요해진다는 뜻이라고 할 때 자연어를 잘 이해하고 소통하는 능력은 곧 리터러시 역량에 닿아 있기 때문이다. 실제로 프롬프터 엔지니어라는 신종 직업이 화제가 되었을 때 일부 매체는 문과 전공자가 선택할 수 있는 고액 이공계 직업으로 소개하기도 했다.

앞으로도 기술은 어떻게 얼마나 발전할지 알 수 없다. 그리고 그 속도 또한 알 수 없다. 중요한 것은 원하건 원하지 않건 그 기술로 인해 달라질 수밖에 없는 우리 삶의 문제들이 있다는 것이다. 그리고 이 문제들은 인간의 선택에 따라 독이 될 수도 약이 될 수도 있다. 챗GPT는 그러한 선택의 과정에서 작동할 수 있는 리터러시의 힘을 보여준다. 기술을 사용하는 데 따르는 윤리의 문제를 포함해서 가짜 뉴스의 위험을 인지하고 적절한 질문을 통해 답을 찾아가는 의사소통 역량의 중요성을 보여준다는 점에서 그렇다.

마지막으로 범람하고 있는 챗GPT 활용법에 대해 지접 챗GPT에게 물어보니 이런 답변을 주었다. 적절한 질문을 준비하고, 문장을 명확하고 간결하게 작성하며, 대화의 흐름을 유지하고, 대화의 종료는 명확하게, 그리고 다양한 주제로 대화를 시도해보라는. 인간과의 대화를 위한 준비와도 별 다를 것 없어 보이는 이 답변이 쓸 만한 답변인지 아니면 '스타일리시한 거짓말'인지는 각자가 판단해야 한다. 그것이 챗GPT가 알려준 우리 시대 리터러시 역량의 과제일 테니까.

↗ ChatGPT를 잘 사용하기 위해서는 다음과 같은 방법을 추천합니다:

적절한 질문을 준비해주세요. ChatGPT는 대화를 진행하기 위해 사용자의 질문에 답변을 제공합니다. 따라서 적절한 질문을 준비하고 질문의 목적을 분명하게 이해하는 것이 중요합니다.

문장을 명확하게 작성해주세요. ChatGPT는 자연어 처리를 기반으로 하기 때문에, 문장의 명확성과 일관성이 중요합니다. 따라서 ChatGPT와 대화를 할 때는 문장을 명확하고 간결하게 작성해야 합니다.

대화의 흐름을 유지해주세요. ChatGPT는 이전 대화 내용을 기억하고, 그에 따라 대화를 이어나갑니다. 따라서 대화의 흐름을 유지하고, 이전 대화 내용을 적극적으로 활용하는 것이 중요합니다.

대화의 종료를 명확하게 해주세요. ChatGPT와의 대화가 끝나면 명확하게 대화를 종료하는 것이 좋습니다. 이를 통해 ChatGPT가 사용자의 의도를 더욱 잘 파악할 수 있습니다.

다양한 대화 주제를 시도해보세요. ChatGPT는 다양한 대화 주제에 대해 대화를 할 수 있습니다. 따라서 다양한 주제에 대해 대화를 시도해보면서, ChatGPT와의 대화를 더욱 즐겁게 이용해보세요.

・

상품이 아닌 뉴스, 대화할 수 있는 공론장

현대사회의 발전 과정에서 상품화는 모든 분야에 영향을 미쳤다. 자본주의 사회에서 상품화는 일상 전반에 만연해 있는 현상이며 거래를 목적으로 생산된 상품뿐 아니라 인간의 노동력과 여가, 문화와 정보, 예술 등 무형의 가치를 지닌 것까지도 꾸준히 상품화의 길을 걸어왔다. 그리고 이러한 상품화 과정은 대중적 영향력의 확대와 함께 가치와 목적이 전도되는 부작용도 함께 노출했다.

미디어의 발달 역시 마찬가지였다. 도널드 서순에 따르면 라디오는 처음에는 술집, 여가 모임이나 정치단체, 광장 같은 공공장소에서 집단적으로 프로그램이 소비되었고, 수신기가 싸지고 휴대가 간편해진 1960년대 이전까지는 TV와 마찬가지로 가족들이 모여서 청취하는 매체였다. 또 모든 사람이 뉴스를 이해하는 것이 중요했기 때문에 방송에 사용되는 언어도 청취자 친화적으로 단순해졌다. 라디오는 새로운 발명품에 따르는 초기의 비싼 가격을 제외하면 이전의 인쇄 매체에 비해 일반 대중에게 더 쉽고 친근한 매체였다.

그리고 곧 TV가 등장했는데 영상과 소리로 마치 실제와 같은 모습을 전달해주면서 이전보다 더 큰 영향력을 미쳤다. 뿐만 아니라 저널리즘과 르포르타주부터 영화와 실황 중계까지 이전에도 존재했으나 모두에게 보편적으로 열려 있지는 않았던 문화 콘텐츠를 값싸고 빠르게, 평등하게 보급함으로써 대중문화의 혁신적인 계기를 만들었다. "텔레비전은 공공도서관이고, 열린 박물관이고, 개인 영화관이고, 무료 신문인 셈이다"라는 서순의 말은 일반 대중의 문화적 접근을 수월하게 만든 TV의 공적 역할을 보여주는 것으로 이해할 수 있다.

그러나 매클루언Herbert Marshall McLuhan의 말대로 기술과 도구로 전 세계를 하나로 묶는 '지구촌'이 가능하리라는 상상을 실현해줄 것처럼 보였던 TV는 가장 많이, 가장 오래 영향을 미친 매체였음에도 불구하고 광고를 기반으로 수익을 창출하고, 편집된 이미지가 실제처럼 오인되는 등의 매체 속성으로 인해 상업적이고 정치적인 딜레마를 가지며 논란의 중심이 되어 왔다. 이제 TV가 실어 나르는 정보 대부분은 상업적 소비자로서 시청자를 염두에 둔 것이며 이에 따라 정보의 신뢰성도 점차 약해지는 실정이다. 여러 채널에서 쏟아지는 건강정보 프로그램과 홈쇼핑의 연계 편성에 대한 의혹이 아니더라도 PPL 같은 수많은 협찬과 홍보 아래 망가지는 프로그램들을 보다 보면 TV 자체가 곧 보이는 쇼핑몰이 되어가고 있음을 인정하지 않을 수 없다.

대중매체의 상업화는 오랫동안 자극적이고 선정적인 내용을 경쟁적으로 과도하게 보도하는 옐로우 저널리즘으로 나타났다. 하지만 대중매체의 대부분이 인터넷으로 옮겨가면서 구독을 대신한 조회 수 경쟁이 되었고, 좀 더 빨리 독자의 눈길을 붙들기 위해 선정적인 내용뿐 아니라 사실이 아닌 내용까지도 뉴스의 대상이 되었다. 가짜 뉴스의 역사는 생각보다 오래되어서 이미 로마시대부터 정적을 비방하기 위한 거짓 소문들이 성행했었다고 한다. 매체를 이용해서 의도적으로 가짜 뉴스를 퍼뜨린 사례로 충

격적이고도 오래된 것은 미국 건국의 아버지로 불렸던 벤
자민 프랭클린Benjamin Franklin이 자신이 발행하던 신문인
<Supplement to The Boston Independent Chronicle>에
영국 국왕 조지 3세가 미국의 독립운동을 막기 위해 인디
언 원주민을 내세워 양민을 학살했다는 가짜 뉴스를 퍼뜨
린 것이었다.

비록 한 세기 전의 일이지만 정치적 의도에 따른 가짜
뉴스가 예전에만 존재했던 특이한 사례라고 할 수 있을까?
요즘에도 정치적 성향에 따라 매체 구독이 양분되고, 매체
성향에 따라 미디어 프레이밍을 통한 왜곡 보도와 편파 보
도가 성행한다. 그리고 이에 따라 미디어에 대한 신뢰가 약
화되면서 공론장도 위태로워지고 있다.

올바른 정보를 바탕으로 해결책을 찾아야 하는 과정
에서 정보 탐색의 오류를 가져오는 가짜 뉴스의 폐해는 그
대로 미디어에 대한 신뢰를 떨어뜨린다. 그리고 제 기능을
잃은 공론장은 사회 문제에 대한 일반 대중의 비판적 사고
를 어렵게 한다. 특히 미디어의 상업화로 인해 제 기능을
상실한 공론장은 민주사회의 붕괴를 의미한다는 면에서
더 심각한 우려를 낳는다. 공적 토론과 합의에 기초한 여론
형성과 의사 결정을 강조하는 숙의 민주주의 전통에서 하

버마스의 공론장 이론은 중요한 개념적 지침으로 역할해 왔다. 박홍원에 따르면 미디어는 하나의 공간적 은유로써 공공 사안에 관한 공적 토론이 일어나는 장소로 여겨진다. 이론적으로 다양한 공론장이 있을 수 있으나 현대사회에서 가장 중요한 공론장은 매스미디어, 특히 신문 같은 활자 저널리즘이었고, 이후 정보 통신 기술이 발달하면서 SNS, 게시판, 블로그 등의 다양한 인터넷 공간까지도 공론장에 포함되었다.

매체의 역사를 기술한 안드레아스 뵌의 지적대로 인터넷은 전혀 새로운 커뮤니케이션 가능성의 문을 열었으며, 공론장의 구조를 지속적으로 변화시켰다. 전통적인 언론 매체의 약화와 함께 인터넷 공론장의 부작용은 소통을 위한 말과 글의 기능을 무력화시켰다. 공식적인 매체 외에 일반 대중이 참여할 수 있는 게시판과 SNS 플랫폼들도 인터넷 공론장에 포함되는데 문제는 이러한 인터넷 공론장에서 공적 이슈에 대한 숙의가 제대로 이루어지지 않고 있다는 것이다. 강주현과 임영호의 지적대로 온라인 공간의 게시물은 그 질이 높지 않고, 인터넷 공간의 토론은 서로의 입장 차이만 확인하거나 갈등만 부각될 뿐 의견 합의는 잘 이루어지지 않으며, 정치 성향이나 특정 이슈에 관한 의견은 집단 극화 현상을 보인다. 이것은 인터넷 공론장이 다수의 의견을 공론화할 수 있는 유리한 플랫폼임에도 불구하고 현실적으로 제 기능을 하지 못하는 현실을 보여준다.

　인터넷 공론장의 위기는 상업화된 미디어가 공적 이슈를 다루는 방식과 기술적 알고리즘에 따른 문제 외에 대화 자체에도 원인이 있다. 비언어 의사소통의 중요성을 설파한 폴 에크먼Paul Ekman[8]이 아니더라도 우리는 비대면 대화에서 생략된 감정을 나타내는 표정과 몸짓 등의 다양한 의사소통 요소가 얼마나 중요한지 쉽게 체감할 수 있다. 비언어 의사소통 요소들이 생략된 인터넷 공간에서 글만으로 진의를 전달하기는 어렵다. 버고지언Peter Boghossian과 린지James Lindsay가 지적했듯 같은 말이라도 어느 단어에 강세가 주어지느냐에 따라, 목소리의 '가락', '장단', 몸짓에 따라 전달되는 의미가 다를 수 있기 때문이다.

　그러므로 인터넷 공간에서의 대화는 대면 대화와는 다른 원칙과 배려가 필요하지만 현실은 그와는 정반대의 양상으로 변하고 있다. 조회수 만으로도 상업적 이익을 보장받는 인터넷 미디어의 속성은 "그들을 도발해 우리를 결집하는"[9] 프로보커터를 만들어냈고, 이들이 점유한 인터넷 공론장은 관종으로 일컬어지는 시비꾼과 익명의 댓글에 숨은 분풀이꾼의 문법도 예의도 경청도 없는 오염된 글로 대화가 대체되고 있다. 이러한 상황에서 공론장은 더 이상 공론장이 아니며, 의견을 주고받고 상대의 감정을 이해하며 합리적인 의사 결정에 이르는 진정한 대화의 실종은 암묵지 형식으로 전해지는 일상생활의 리터러시 실천에 장애가 된다.

따라서 대화와 공존이 함께하는 공론장의 기능 회복은 일상적인 리터러시 실천을 위해 반드시 필요한 개선 과제가 될 수밖에 없다. 그리고 이를 위해서는 기존의 레거시 미디어들이 상업화 맥락에서 탈피하여 전통적인 공론장 역할을 되찾는 것과 함께 사이버공간에서 지켜야 할 윤리적 규범이 만들어질 필요가 있다.

●

리터러시가 공공 영역이 되어야 하는 까닭

　최근 한글날을 맞아 여러 미디어에서 기획한 기사 중에 문해력 강습이 성업 중이라는 내용이 있었다. 이에 따르면 한글 뜻을 몰라서 수학 문제를 풀지 못할 정도로 문해력이 저하된 세대에 편승해서 문해력을 길러주는 사교육 시장이 팽창하고 있다. 어린이에 대한 리터러시 교육의 주요한 목적은 말과 글을 가르침으로써 향후 교육에 도움을 주고, 일상생활에 필요한 의사소통 방법을 익히고, 다양한 책을 읽을 수 있도록 하는 것이다. 그러나 입시에 초점이 맞춰진 독서와 논술 교육으로는 이러한 목적을 이뤄내기 어렵다. 뿐만 아니라 자발적 독서로 이어지지 못하고 오히려 독서 경험의 단절로 이어지기도 한다. 권장도서 위주로 이루어지는 독서 교육에 흥미를 느끼지 못하고, 독서가 곧 공부로 인식되면서 책 읽기에서 멀어지면 이로 인해 리터러시 습득을 위한 실천은 지속되지 못한다.

리터러시 사교육의 가장 오래된 대표적인 사례는 어린이를 대상으로 한 한글과 영어 교육이라고 할 수 있다. 우리나라 한글 교육 시장의 규모는 2조 원대로 추산되며 시장의 대부분은 메이저 학습지 회사들이 점유하고 있다. 초기에는 한글 자모를 익히거나 단어 암기, 읽기와 쓰기를 중심으로 만들어진 학습지를 통해 취학 전 아동의 한글 교육을 타겟으로 했던 업체들이 최근 들어 인공지능 기반의 교육 시스템을 활용할 뿐 아니라 리터러시 측정과 관련한 지수들을 개발해서 사용하는 사례도 나타나고 있다. 대교는 대학과의 산학협력 연구를 통해 취학 전 아동부터 성인까지 한국어 능력 수준을 파악하는 크리드KReaD 지수를 개발했다. 크리드 지수는 개인의 영어 독해 능력을 측정하고자 개발된 미국의 렉사일 지수Lexile Framework처럼 한국어 학습에서도 난이도 지수를 산출해 한국어 능력 수준을 파악하고자 한 것이다.

이 외에 독서 지도, 독서 치료, 독서 코칭, 논술 지도 같은 이름으로 이루어지는 교육도 읽고 쓰는 기본적인 문해력을 기초로 한 리터러시 교육으로 볼 수 있다. 사실 읽기와 쓰기를 핵심으로 하는 기본적인 문해 교육은 학교나 공공도서관을 통해 꾸준히 이루어지고 있음에도 이처럼 사교육이 활성화되는 이유는 입시와 연결되어 있다. 1995년 5.31 교육 개혁 방안에 의해 학교 현장에 학생 독서 활동 상황이 포함된 학교생활기록부가 도입되었고, 대학 입시에 논술 전형이 포함되면서 이른바 독서 사교육이 불붙는 계기가 되었다.

그러나 이러한 리터러시 사교육은 재개념화된 멀티 리터러시 측면에서 볼 때 그 효용성뿐 아니라 사회라는 공동체에 참여하기 위한 삶의 기술로 타당하냐는 근본적인 질문에 부딪힌다. 입시를 위한 논술이나 독서 교육이 실제 생활에서 얼마나 유용한가 하는 문제와 더불어 다른 주제나 학문으로 지적 호기심을 확장하는 데 필수적인 기초 능력인 문해력조차 사교육 시장에 맡겨둠으로써 교육의 격차, 사회계급의 격차를 만들어내는 것이 아니냐는 우려가 있을 수 있다. 또 다른 측면으로 대화와 토론이 생략된 채 주어진 텍스트를 해독하는 것만으로는 비판적 사고를 통한 문제 해결 능력으로 연결되기 어렵고, 그 과정에서 공동체의 언어를 습득하고 만들어 나가는 과정도 생략된다는 문제가 있다.

리터러시가 의사소통을 제일 목적으로 한다고 했을 때 타인의 언어를 배우고 사회 규율을 내재한 공동체 언어를 조탁하는 것은 공동체 전체의 리터러시를 발전시키는 과정으로 중요하다. 그러나 일상적인 교류가 생략된, 더 나아가 입시를 통해 사회계층이 나뉘는 갈라진 공동체에서 기본적인 리터러시 능력마저 사교육에 잠식될 때 리터러시는 그 목적을 잃고, 소통이 아닌 불통의 벽을 세우는 도구가 되기 쉽다. 그러므로 리터러시 교육이 단순히 단어word를 읽는 것이 아닌 비판적인 세상world 읽기가 되어야 한다고 주장했던 프레이리와 같은 급진적 입장의 학자들에게 입시에 맞춰진 리터러시 사교육은 기존의 계급을 고착화하는 억압 기제가 된다는 비판을 면하기 어렵다.

오늘날 리터러시와 관련한 담론 중 눈여겨봐야 할 것은 소수에 의한 말과 글의 독점이다. 자유민주주의 국가에서는 누구도 말할 수 있고, 나의 의견을 글로 쓰는 것에 제재를 받지 않는다. 그럼에도 불구하고 공적 영역에서 말할 수 있고, 쓸 수 있는 사람은 소위 오피니언 리더라고 부르는 지식계층이거나 사회지도층 인사들이다. 이것은 자신의 말과 글로 소통하기 어려운 사람들이 명성이 있거나 특정한 위치에 있는 사람들에게 자신의 의견을 위탁하는 현상과도 이어지는 부분인데, 사회가 인정하는 말과 글이 모두에게 평등하게 주어지지 않았기 때문에 발생하는 현상이다. 상대적으로 공적 매체에 담긴 말은 힘이 세다. 그런데 공적 매체에 말하고 글을 쓸 수 있자면 그에 어울리는 말과 글을 구사할 수 있어야 한다. 많은 교육을 받은 사람이 고급 리터러시 역량을 갖출 가능성이 크다. 하지만 오늘날과 같이 다양한 매체가 의사소통 도구가 되고 공적 매체가 아닌 플랫폼에도 나의 의견을 실어낼 수 있는 상황에서는 누구라도 나를 위한 말을 하고, 내가 살고 있는 공동체를 위한 글을 쓸 기회는 많다.

그리고 공공도서관은 말과 글을 습득할 수 있는 좋은 자원을 갖추고 있다. 출판 기술의 발달과 1인 출판, 자비 출판 등의 증가로 인해 그 중요성이 잘 부각되지 않고 있지만 대부분 좋은 책은 전문가의 기획과 편집을 거치면서 내용뿐 아니라 문법과 표현에 대한 검증도 함께 이루어진다. 비문非文과 오문誤文의 교정은 물론 표기법에 맞는 외래어, 표준어 사용 등의 검수를 거쳐 출판된 책은 그 자체로 책을 읽는 독자들에게 훌륭한 리터러시 교재가 된다. 더욱이 글을 배우기 시작하는 어린이, 삶의 터전을 바꾼 이민자, 미처 글을 배우지 못한 사람에게 책을 통한 독서는 말과 글을 익히는 도구가 되고, 지식을 구하고 견문을 넓히려는 독자에게는 지적 대화의 토양을 다듬는 도구가 된다. 공공도서관은 이렇게 검증된 리터러시 습득의 도구를 정비한 기관이다.

더불어 배움이 인생의 한 시기에만 집중될 수 없는, 생애 전반에 걸쳐 부단히 배우고 익혀야만 살아갈 수 있는 요즘 상황에서 공공도서관은 가장 중요한 공공재가 될 수밖에 없다. 공공도서관은 어떤 경계도 없이 모두에게 열려 있으며, 아무런 비용을 지불하지 않아도 집적된 자료와 정보를 이용할 수 있고, 내가 사는 공동체의 구성원을 직접 만나고 부딪히며 소통할 수 있는 일상의 플랫폼이자 가장 좋은 리터러시 실천의 장場이다. 더불어 점점 개인 간의 격차가 심화되는 세상에서 모두에게 그 기회를 열어놓은 사회의 균형추 같은 역할을 하는 곳이다. 좋은 사례로 도서관의 낡은 책으로 스스로 공부해 전기가 들어오지 않는 마을에 풍차를 만들어 불을 밝힌 아프리카 소년 캄쾀바나 공공도서관 프로그램을 통해 그림책 작가가 된 할머니들[10] 이야기가 이를 방증한다.

자본주의 사회에서는 많은 영역이 상업화되면서 불평등이 심화되고, 그에 따라 갈등 양상도 다양하고 깊어지고 있다. 기본적인 의사소통 역량으로서 리터러시 역시 상업화에 자리를 내준다면 말과 글, 정보와 지식의 불평등한 접근을 용인하는 것이 되고, 이것은 또 갈라진 사회, 갈등하는 사회를 낳는 씨앗이 될 가능성이 크다. 그렇기 때문에 리터러시는 공공 영역에서 다루어져야 하고, 가장 좋은 실천의 장으로 공공도서관의 역할에 대한 충분한 이해와 지원이 필요하다.

●

도서관, 가장 좋은 학교

　도서관, 특히 공공도서관의 역사를 더듬다 보면 오늘날 자유로운 민주 시민사회의 역사가 자연스럽게 떠오른다. 미국과 영국을 중심으로 한 서구 사회에서 공공도서관은 민주주의와 시민교육, 공익이라는 세 가지 임무를 통해 민주주의 발달과 시민사회 형성에 큰 역할을 했다. 그리고 초기 시민교육의 대부분은 소수가 독점하고 있던 정보와 지식을 재분배하고 산업사회의 노동 인력을 교육한다는 차원에서 성인을 대상으로 한 문해 교육과 독서 지원이 주류를 이루었다. 19세기 서유럽과 미국을 휩쓴 공공도서관 운동의 모토 중 하나가 '만인을 위한 책'이었다는 점도 이런 맥락에 맞닿아 있다.

최초의 공공도서관[11]으로 알려진 미국의 보스톤 공공도서관Boston Public Library이 건립된 19세기 말부터 공공도서관은 성인에 대한 교육을 주된 임무로 발전했다. '시민의 대학'이라는 명명이 보여주듯 산업화와 이민자로 대변되던 격동의 시기에 공공도서관은 성인교육의 중요한 파트너로 역할했다. 공공도서관은 성인이 읽고 쓰는 것을 배울 수 있는 교육 프로그램뿐 아니라 다양한 읽을거리를 수집해서 비치함으로써 일상적인 리터러시 실천이 가능한 환경을 제공했다.

17세기부터 19세기까지 뉴잉글랜드 지역 공공도서관 운동의 기원을 탐구했던 제시 세라Jesse H. Shera에 따르면 19세기 중반 미국에서 공공도서관을 통해 읽고 쓰고, 직업교육에 필요한 것을 스스로 학습했던 이용자들 사이에서 도서관의 중요성에 대한 인식이 생겨나기 시작했다. 더불어 그는 필라델피아 도서관조합Library Company of Philadelphia[12]의 영향을 측정한 내용을 소개하면서 프랭클린의 말을 인용해 도서관이 상인과 농부를 다른 나라에서 온 대부분의 신사처럼 똑똑하게 만들었다고 표현했다.

디지털 자료와 인터넷이 등장한 20세기에는 새로운 기술과 사회 변화에 따라 장소의 가치를 상실할 것처럼 위협받은 적도 있었던 공공도서관이지만 이제는 오히려 학교를 대신하고 공동체 교류가 일어나는 마을의 사랑방 같았던 초기 역할을 다시 요구받고 있다.

21세기를 '외로운 세기'라고 명명한 허츠에 따르면 모두가 혼자인 외롭고 단절된 시대, 컴퓨터와 핸드폰으로 이루어지는 비대면 의사소통이 익숙해지면서 서로 만나고 대화하는 법을 잊어버리고 모든 사회적·경제적 토대로부터 소외된 고립의 시대를 회복하기 위해서는 공동체 기반 시설을 유지하고 확대하는 것이 중요하다. 허츠는 다양한 유형의 사람들이 교류하고 유대를 맺을 수 있는 물리적 공유 공간인 도서관, 박물관, 청년센터 같은 공동체 기반 시설은 단지 함께하는 장소가 아니라 우리가 함께할 방법을 배우는 장소이며, 다른 사람과 평화롭게 공존하고 다양한 관점을 수용하는 방법을 배움으로써 시민성과 포용적 민주주의를 연습하는 공간이라고 주장한다. 특히 직접 만나서 교류하는 공동체 회복의 중요성을 언급한 아래의 주장은 리터러시 습득 측면에서 더 흥미롭게 들린다.

물리적으로 함께 모여야만 생겨나는 어떤 귀중한 것이 있다. 디지털 관계나 줌 같은 영상 서비스를 통한 대화는 그런 매우 귀중한 것의 빈약한 모사에 그칠 수밖에 없다. 우리가 서로 눈을 보고 몸짓이나 분위기 등 비언어적 단서를 포착할 수 있을 때 비로소 공감을 경험하고 호혜와 협동을 연습할 수 있다.[13]

앞서 언급한 대로 리터러시를 습득한다는 것은 단순히 문자나 IT 기술, 디지털화된 콘텐츠를 이해하고 활용하는 방법을 익히는 것만이 아니다. 리터러시의 기본 목적이 의사소통을 원활하게 함으로써 필요한 정보와 지식을 얻고 삶이 영위되는 사회 속에 온전하게 참여하기 위한 것이라고 할 때 사회의 구성원인 사람과 사람의 만남을 통한 소통이 배제된 리터러시 습득은 의미가 없다. 그리고 이러한 맥락에서 리터러시 습득 혹은 실천을 위한 최적의 장소로 도서관에 대한 관심이 제고될 필요가 있다.

남녀노소를 불문하고 비용 부담 없이 자신의 관심과 능력에 맞는 책을 읽거나 프로그램에 참여할 수 있는 공공도서관에서는 지역사회의 특성에 따라 다양한 형태로 리터러시 제고를 위한 실천이 가능하다. 갓 태어난 아이들에게 그림책과 유아를 위한 독서 지도 프로그램을 제공하는 북스타트 사업은 이미 우리나라를 비롯한 여러 국가에서 오랫동안 시행되고 있다. 또 이민자가 많은 미국 사회에서는 새로운 사회에 적응하도록 영어를 배울 수 있는 수업을 제공하거나 다양한 다국어 책과 프로그램을 통해 그들의 자녀들과 부모 세대의 소통이 단절되지 않도록 모국어를 배울 수 있는 서비스를 지원한다. 가정환경 등으로 한글을 익힐 수 없었던 우리나라의 노인들은 도서관을 통해 한글을 배우고, 배운 한글로 자신의 이야기를 담은 책을 펴내기도 하며, 큰 활자로 펴낸 책을 함께 읽음으로써 지역사회의 친구들과 교우하기도 한다. 또 은퇴한 중장년 세대는 새로운 디지털 환경에 적응할 수 있는 기술을 배우고 때로 공공도서관에서 배운 기술을 바탕으로 재취업에 성공하기도 한다.

이 모든 사례는 도서관이 가지고 있는 책을 비롯한 다양한 자료와 주기적으로 제공되는 서비스, 지역사회 구성원이 참여하는 동아리 등의 사교 모임을 통해 원활하게 이루어진다. 도서관은 스스로 배우고 공부하는 장소이며, 내가 살아가는 공동체 구성원과 자연스럽게 교류할 수 있는 사교의 장이다. 게다가 정보와 지식을 조직화하는 훈련된 전문 인력의 도움과 최신 자료를 아무런 대가 없이 이용할 수 있는 보편적 복지를 구현하는 공공기관이기도 하다. 그렇기 때문에 암묵지적인 리터러시 실천이 이루어지는 최적의 공간이자 사회적인 리터러시 수준을 향상시키는 실험장이 될 수 있는 드문 공간이다.

물론 우리 삶이 관통하는 사회 구석구석의 리터러시 역량은 어느 한 기관, 어느 하나의 캠페인을 통해 향상되기는 어렵다. 다만 불특정 다수의 사람이 함께 모이고 부딪히는 공간의 일상성, 오랜 시간 축적한 지적 자원으로 충만한 도서관이라는 공간은 우리가 살아가는 사회의 축소판이기 때문에 일상적인 리터러시 실천이 가능하다는 장점을 가지고 있다. 그렇기 때문에 사회 전체의 리터러시 향상에 공공도서관을 활용하는 것의 유용함을 주목해볼 필요가 있다.

·

공공도서관의 리터러시 프로그램

　이제 필자가 근무했던 도서관에서 서로 다른 목적을 가지고 진행했던 세 가지 리터러시 프로그램을 소재로 이야기해보고자 한다.

　우선 '꼬리에 꼬리를 무는 독서단'은 초등학생의 정보 리터러시 역량을 키워주기 위해 텍스트를 깊이 읽고 그 안의 정보를 찾아서 이해하는 능력에 초점을 맞춰 진행된 상설 프로그램이다. 이 책에 소개하는 사례는 이 프로그램의 일환으로 진행되었던 것으로 사서들이 직접 각 차시의 교육 내용을 설계하고 매주 하루 2시간씩 총 7회로 진행했다. 사례가 된 프로그램은 많은 사람이 알고 있는 고전 『홍길동전』을 직접 읽고 책 속에 나타난 생소한 정보를 탐색하고, 독후 활동을 통해 책 내용에 대해 토론하면서 자신의 생각을 표현하고 설득하는 것으로 구성되었다. 첫 회에는 각자의 태몽과 함께 자신을 소개하며 앞으로 함께 학습할 친구들과 친해지는 시간이 포함되었고, 이후의 교육과정에서는 작가와 작품에 대한 설명과 책 속에 나타나는 조선의 관직과 신분 제도를 찾아보는 시간, 조선의 무게 단위와 작품의 키워드 및 내용을 파악하는 시간, 이러한 정보를 찾기 위한 도서관 활용 수업, 원고지 작성법, 책을 읽은 소감과 토론 등이 포함되었다. 또 아이들은 본인들이 이해한 내용을 토대로 등장인물을 그림으로 그리고 그 인물에게 편지를 쓰기도 했다.

리터러시 교육 관점에서 이 프로그램은 글의 맥락을 이해하고, 인물의 상황에 대해 비판적으로 생각해보는 기본적인 문해 교육과 함께 도서관이라는 장소를 활용해서 알고 싶은 정보가 있는 자료를 찾아서 비교하고 선택하는 정보 활용에 대한 교육, 또래와의 토론을 통해 나의 생각을 말하고 다른 사람의 생각을 듣는 과정이 포함되었다는 점에서 종합적인 리터러시 교육으로 적절한 요소들을 갖추고 있다. 실제 실행 과정에서는 계획했던 만큼 이상적으로 교육이 진행되지 않을 수도 있지만 도서관 프로그램으로 이러한 형식의 리터러시 교육은 더 발전시켜 볼 만하다고 생각한다.

'미디어 쉐프: 청소년을 위한 미디어 프로그램'은 중학생 대상의 미디어 리터러시 프로그램으로 운영되었다. 주된 교육 내용은 미디어가 전하는 메시지를 어떻게 비판적으로 이해하고 수용할 것인가 하는 것으로 이 중에는 언론이 어떤 사건을 다룰 때 특정한 측면을 선택하고 강조해서 보도하거나 자신들의 성향과 의도에 적합하지 않은 것은 무시하는 '미디어 프레이밍'을 통해 독자들이 어떻게 기사를 다르게 받아들일 수 있는지 알아보게 하였다.

요즘에는 인터넷 방송이나 포털사이트 등에서 전하는 뉴스는 물론 신문이나 방송 같은 레거시 미디어에서도 오류와 의도적인 왜곡이 있을 수 있다는 인식이 비교적 일반적으로 확산되어 있다. 하지만 예전과 마찬가지로 아직까지도 레거시 미디어에 대한 신뢰도가 높은 데다 뉴스 확산 속도가 빠르고 유통 채널도 다양해서 팩트 체크 같은 검증에 주의를 기울이지 않으면 모르는 사이에 쉽게 가짜 뉴스의 영향을 받게 된다. 따라서 이 프로그램에서는 뉴스의 정의와 뉴스의 가치를 판단하는 기준, 팩트 체크 및 허위 정보를 구별하는 방법 등이 교육 내용에 포함되었다.

해외의 미디어 리터러시 교육은 이미 오래전부터 교과과정에 포함되었거나 그렇지 않더라도 사회 각 기관이 주도해서 사회교육의 일환으로 활발하게 이루어지고 있다. 우리나라는 교육부가 '2022 개정 교육과정' 총론 안에 미디어 리터러시 교육을 포함시켜 2024년부터 각 학교급에서 미디어 리터러시 교육 실시가 가능해질 전망이다.

그러나 학교 교육과정과는 별도로 공공도서관이 청소년의 미디어 리터러시를 길러주는 주요 기관으로 역할 하는 것은 조금 더 자유로운 환경에서 상호작용하면서 청소년이 흥미를 갖는 주제와 매체에 다양하게 접근한다는 점에서 유리한 측면이 있다. 학교가 아닌 일상 공간에서 친구들과 관심 있는 미디어를 다루고, 이를 통해 새로운 콘텐츠를 만들고, 그 안에서 미디어의 역할을 배우는 과정이 진행되면 지속적으로 스스로 몰입할 수 있는 자연스러운 동기부여가 가능하다. 그리고 그러한 계기를 통해 또래 집단과의 소통을 토대로 미디어 소비와 접근의 여러 문제를 공유하고 해결할 수도 있다.

한편 65세 이상 어르신을 대상으로 진행되었던 '디지

털 시대의 주인 되기: 어르신을 위한 디지털 리터러시 프로그램'은 급변하는 디지털 환경으로 인해 일상생활에서 소외되기 쉬운 노인 인구를 대상으로 디지털 기기와 프로그램에 대한 적응성을 높여주려는 목적을 가지고 진행되었다. 이 프로그램에서는 네이버나 구글 같은 검색엔진을 사용해서 정보를 탐색하고, 쇼핑하고, 번역 기능 등을 활용하는 법과 스마트폰으로 금융기관이나 정부의 민원사이트 이용에 필요한 인증서를 발급받는 방법, 지하철이나 버스 노선을 검색하고 열차표를 예매하는 방법, ZOOM 같은 플랫폼을 통해 온라인 회의에 참여하는 방법 등이 포함되었다.

매클루언이 경험의 비언어적 형태로서 영화는 문법이 없는 진술 형태지만 활자나 사진처럼 그것을 이용하는 사람들에게 상당히 높은 수준의 독해 능력을 전제한다고 했듯, 리터러시에 결합되는 매체는 각각 고유한 특성과 의사소통에 효과적인 문법이 내재되어 있다. 또한 기술 발달은 이제껏 경험하지 못한 새로운 매체를 점점 등장시키고 있어서 매체 특성을 이해하고 이를 활용하는 법을 배워야만 원활한 의사소통이 가능하다.

한 가지 예로 오늘날 우리는 기술 발달 덕에 휴대폰 하나만으로도 다양한 일상의 일을 해결할 수 있게 되었다. 매장에 가지 않고 물건을 살 수도 있고, 학교에 가지 않고 강의를 들을 수도 있으며, 실시간으로 기차표를 예매하거나 음식을 배달시켜 먹을 수도 있다. 이 모든 것은 휴대폰이라는 기계를 익숙하게 사용하고, 모바일 환경에 맞춘 이미지와 그래픽이 나타내는 정보를 쉽게 읽을 수 있는 사람에게는 편하게 원하는 바를 얻는 의사소통이 가능하지만 그렇지 않은 사람에게는 일상을 불편하게 만드는 장애가 된다. 말하자면 매체에 대한 접근성이 확보되지 않으면 메시지 전달 자체가 불가능한 새로운 리터러시 환경이 된 것이다. 그리고 매체에 대한 접근성은 매체 자체에 대한 이해와 활용이 가능해야만 허락된다.

우리가 살아가는 일상생활의 많은 부분이 디지털 환경으로 옮겨갔을 때 그 속도를 따라가지 못하는 사람들은 자연히 소외될 수밖에 없다. 이런 측면에서 디지털 기기에 대한 접근과 활용이 절실한 사람은 상대적으로 연령이 많은 노인이거나 기존 디지털 기기를 활용하기 어려운 신체적인 장애를 가지고 있는 사람, 또는 경제적인 이유로 다양한 디지털 기기를 보유할 수 없어서 해당 매체 사용 경험을 누적할 수 없는 경제적 취약계층이다. 그런 사람들을 위해서 비용을 들이지 않고, 다양한 디지털 기기를 갖추고 필요한 교

가구 소득별 인터넷 이용률

단위: %, 만 원

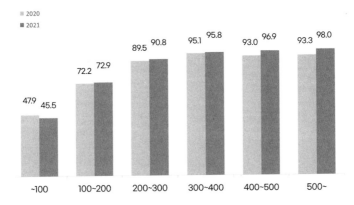

연령별 인터넷 이용률

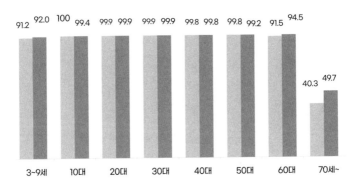

『2021 인터넷 이용 실태 조사』, 한국지능정보사회진흥원, p113&p108

육을 제공해주는 기관으로서 공공도서관의 역할이 더욱 필요하다.

앞서 여러 차례 기술했듯 리터러시는 복합적인 역량이어서 정보 리터러시, 미디어 리터러시, 디지털 리터러시 등으로 명명했을 때 멀티 리터러시로시의 개념이 약화될 우려가 있다. 하지만 실제적인 적용에 있어 멀티 리터러시 개념에 타당한 복합적인 프로그램을 설계하기는 어렵기 때문에 이용자에게 중점적으로 강화하고자 하는 역량을 중심으로 범주화해서 진행하는 것이 현실적이다. 다만 그럼에도 불구하고 범주화된 각각의 프로그램이 통합적으로 멀티 리터러시의 목적에 적합하도록 기획하는 것은 중요하다.

위의 세 가지 사례는 서로 다른 리터러시 프로그램으로 명명하고, 교육의 주체도 사서와 외부 전문기관의 강사진으로 나뉘어 진행되었으며, 실제 내용과 교육 대상에도 차이가 있지만 각 수업 내용의 본질은 유사하다. 기본적인 독해와 매체에 대한 이해, 그리고 이를 활용해서 자신의 의견을 밝히거나 문제를 해결하는 방식이 골격을 이루는 프로그램으로 구성되어 비판적 사고력과 정보 리터러시의 함양이라는 리터러시 습득의 기본 목적에 맞도록 설계되었다.

●

만나고, 연결하고, 재창조하는 프로그램으로

리터러시의 기본 목적이 의사소통이라는 것에 중점을
두고 위와 같은 프로그램을 실행하더라도 요즘처럼 공동체
교류가 점점 단절되고, 타인과의 대화를 어색해하며, 의사
소통에 부담을 느끼는 사회 분위기에서는 반드시 고려해야
할 부가적인 원칙이 있다. 바로 사람과 사람이 직접 만나고,
만남을 통해 연결된 관계를 만들어내며, 그 안에서 배운 리
터러시 역량으로 새로운 것을 창조하는 기쁨까지 나아갈
수 있도록 하는 기획이다. 그것은 보다 더 근본적으로 공동
체의 안전과 유지에 기여하는 공공도서관의 사회적 사명을

고려했을 때 꼭 필요한 부분이다.

어떤 기관이라도 다양한 리터러시 프로그램을 제공할 수는 있다. 다만 다른 기관에 비해 공공도서관이 갖는 이점은 리터러시 습득에 필요한 서비스와 자원, 소통할 수 있는 상대가 모두 연결되는 공공 플랫폼이라는 것이다. 대화는 리터러시 역량에 큰 영향을 끼치는 상호작용이다. 대화는 문자가 나타내는 글자 그대로의 뜻과 더불어 표정, 몸짓, 억양 같은 비언어적 요소를 포함해 소통한다. 책이나 잡지처럼 말과 글로 이루어진 매체를 통해 정돈된 규범으로 나타난 양식으로 언어를 배울 수도 있지만 상대를 두고 나누는 대화를 통해 일상적으로 언어를 습득하는 것이 더 일반적이다.

직접 만나서 나누는 대화는 타인에 대한 공감, 사회문제에 대한 의견, 생활에 필요한 정보 등을 소재로 사람 사이의 관계 맺기를 가능하게 해준다. 그리고 관계 맺기가 이루어지면 개인이 아닌 공동체로서의 활동이 시작되고, 공동체의 대화는 공공 담론으로 연결될 수 있는 가능성을 만들어낸다. 잘못된 번역으로 밝혀졌지만 "인간은 사회적 동물"[14]이라는 명제는 오랫동안 인간을 이해하는 진술로 받아들여졌다. 물론 팬데믹과 기술 발전으로 이 명제는 종말을 맞게 될 것이라는 견해도 있지만 인간은 사회 속에서 타인과 교류하며 생활해야 하는 존재라는 견해가 여전히 지배적이다.

사회적 존재는 사회적 상호작용을 통해 사회의 구조와 형태를 만들고 일상생활을 영위하며 사회는 개인들의 상호작용을 기반으로 구축되지만 반대로 각 개인의 삶에 영향을 끼친다. 사회의 질은 각각 자원, 인간 행위, 규범 등을 고려한 구성 요소에 따른 구조를 갖는데, 이러한 구조를 결정하는 각 요인은 대부분 언어적·비언어적 상호작용에 의해 강화되거나 구축된다. 따라서 상호작용을 위한 의사소통 역량인 리터러시의 사회적 수준과도 관련이 된다. 인간다운 삶을 위한 기초적인 자원의 확보 여부를 나타내는 사회경제적 안전성은 고용과 밀접하게 관련되어 있는데, 고용 및 소득은 리터러시 역량이 주요한 변인이 된다. 또 사회적 신뢰, 소외와 차별 해소를 통한 사회적 응집력과 포용성을 강화하는 것은 원활하고 일상적인 의사소통이 바탕이 될 때 더 강화된다.

그러므로 사회적 차원의 리터러시 역량을 향상시키는 것은 사회의 질을 높여 좋은 사회를 만드는 것과 관련이 있으며, 개인 삶의 질과도 관련되어 있다. 그리고 사회적 차원의 리터러시 역량은 서로 만나 관계 맺는 과정을 통해 공동체로서의 연대를 만들어냈을 때 더 고르게 발전된다.

더불어 오늘날 요구되는 리터러시 역량은 쌍방향 소통이 가능한 기술에 힘입어 일방적으로 전달되는 방식이 아니라 적극적으로 자신을 표현하고 사회에 참여하도록 한다는 점에서 매체와 담론을 자기 방식으로 재창조할 수 있는 능력까지도 요구한다. 인터넷과 컴퓨터라는 정보 통신 기기의 혜택이 없던 시절에는 소수만이 자신의 의견을 공중에 발표하고 이미지를 포함한 다양한 매체를 가공하거나 만들어서 표현의 도구로 삼을 수 있었다.

하지만 요즘에는 손에 들고 다니는 휴대용 기기를 간단히 조작하는 것만으로도 소리와 이미지, 동영상 같은 종합적인 콘텐츠를 만들고, 배포할 수 있다. 뿐만 아니라 아주 먼 곳에서 일어난 사건에도 실시간으로 나의 의견을 덧붙일 수 있다. 이런 기술 때문에 서로 주고받는 의사 표현이 손쉽게 공유되고, 빠른 시간 안에 서로에게 영향을 미칠 수 있게 되었다. 인터넷 밈의 유행이나 어느 날 등장한 신조어의 급속한 전파를 보면 우리가 얼마나 쉽게 서로에게 영향을 주고받는 사회에 살고 있는지 알 수 있다.

때문에 가능한 서로에게 좋은 영향을 줄 수 있는 의사

소통 방식을 만들어내는 것에 관심을 기울이면 그만큼 전체로서 사회의 리터러시 역량을 키우는 데 도움이 될 수 있다. 이런 이유로 공공도서관에서 제공하는 프로그램은 단순히 정보와 지식을 소비하는 데 그치지 않고, 다양한 방식으로 재창조되어 개인과 사회를 이롭게 하는 의사소통의 콘텐츠로 활용할 수 있도록 해야 한다. 타인의 글을 읽고 감상을 나누는 것으로 그치지 않고 나의 이야기를 글로 써보는 방식으로 기록을 남기고, 좋은 유튜브 콘텐츠를 선별해서 구독하는 수준을 넘어서 타인과 즐겁게 소통하며 개인의 관심과 사회문제에 대한 담론을 지속해 나갈 수 있는 콘텐츠를 만들어내는 교육까지 지향해야 오늘날 사회에 걸맞은 리터러시 역량을 갖추었다고 할 수 있기 때문이다.

●

정책 과제로서의 리터러시와 도서관

사회 역량으로서 리터러시를 향상시키는 것은 단순히 리터러시 하나에만 중점을 두어서 해결할 수 있는 문제는 아니다. 앞서 지적했듯 가치가 전도된 교육, 인간이 배제된 능력주의와 물질 만능주의에 함몰된 일과 사회적 관계, 공론장을 비롯한 공공 영역 쇠퇴 등 모든 사회구조 개선과 관련되어 있다. 따라서 리터러시 향상이라는 목표를 구체적으로 구현하는 것은 어렵고 자칫 공허한 탁상공론으로 전락해버릴 위험성이 있다.

그럼에도 불구하고 리터러시에 대한 관심의 환기가 필

요한 것은 우리 삶이 영위되는 사회를 바꾸어 나가는 과정의 기초에는 의사소통에 필요한 리터러시 역량이 무엇보다 중요하기 때문이다. 사회 구성원의 다양한 견해가 합의된 목표를 향해 나아가는 민주적 절차의 과정에서 원활한 의사소통은 그 기초가 된다. 그리고 그 과정에서 타인에 대한 공감과 배려, 설득과 양보의 문화가 성숙해져야만 사회의 질을 개선할 제도 개선이나 새로운 정책 수립이 제대로 이루어진다.

그동안 기술 발달과 개성을 존중하는 기풍은 어느 시대보다 자유롭게 세상을 향해 개인의 말과 생각이 뻗어 나갈 기회를 만들어주었다. 하지만 과연 얼마나 많은 사람이 자신의 말과 생각을 자유롭게 전달할 수 있을지를 생각하면 주어진 기회만큼 낙관적이지는 않다. 말을 하지만 나의 말이 아닌 남의 말을 하고, 나의 생각을 표현한다고 하지만 다른 사람의 주장을 그대로 전달하는 식의 말하기와 글쓰기로는 오늘날의 리터러시 문제를 해결할 수 없다.

리터러시는 사람과 사람 사이의 소통을 가능하게 하고, 소통을 통해 건강한 사회를 만드는 데 도움을 주며, 그 건강한 사회를 바탕으로 개인의 삶을 낫게 만드는 중요한 역량이다. 그런 의미에서 리터러시는 개인의 삶뿐 아니라 사회 전체의 삶을 그려 나가는 기술이다. 조그만 붓으로 큰 그림을 그리기 어렵고, 모자란 잉크로 전체를 채우기 힘들 듯 리터러시 역량 향상은 사회라는 전체를 보고 개인 역량 부분을 채워 나가야 하는 지난하고 전략적인 정책이 필요하다. 지금 각자 도생하는 전반적인 사회 분위기와 마찬가지로 개별화되고 파편화된 리터러시 정책을 사회 전체의 발전과 공동체 지속을 위해 중요한 정책 과제로 재정립하는 것이 시급하고 아쉬운 이유다.

이러한 맥락에서 지금까지 기술했던 리터러시 실천을 바탕으로 정책적으로 다루어지면 좋을 몇 가지 과제를 제안하고자 한다. 우선 다양한 층위를 가지고 실천되는 리터러시를 사회적, 정책적 의제로 다루고자 한다면 작위적일지라도 몇 가지 보편적인 규범이 필요할 수 있다. 그래야만 보편화할 수 없는 리터러시의 특성에도 불구하고 전반적인 리터러시 향상이라는 추상적 목표의 기대 수준을 가시화하거나 의사소통 목적에 따라 필요한 역량을 도출하고 그에 맞는 실천 과정을 구성하는 것이 가능하기 때문이다.

리터러시 실천에 따르는 규범은 복잡할 필요는 없으며 사회 구성원 간의 의사소통을 전제로 기본적인 차원에서 이루어지는 것이 바람직하다. 그것은 매체 각각의 특성에 맞는 문법과 활용에 대한 이해와 이에 따르는 배려와 존중, 참여를 전제로 한 상호작용의 윤리다. 그러므로 기술 발전과 사회 전반의 상업화에 따라 일탈이 심각해지는 사이버공간에 적용할 수 있는 윤리 규범을 제정하는 일이 필요하다. 법률처럼 강제성을 가진 제도뿐 아니라 사회적으로 용인되는 관습으로 받아들여지도록 여러 캠페인과 교육을 병행하는 것이 바람직하다.

특히 어린 세대에게 사이버공간에서의 올바른 언어 사용과 타인에 대한 배려를 가르치는 것은 매우 중요하다. 이미 어린 세대에게 사이버공간은 현실 세계와 다르지 않고, 또래 간 대화도 비대면을 통해 이루어지는 경우가 많기 때문이다. 그리고 이러한 교육은 학교뿐 아니라 도서관, 청소년 문화공간, 종교시설 등을 막론하고 일상적으로 꾸준히 이루어져야 효과적이다.

둘째, 사이버공간에서 윤리 규범을 지키는 것과 관련해 가장 핵심적이면서 큰 파급력을 지닌 미디어를 중심으로 무너진 공론장 기능을 다시 세울 필요가 있다. 공론장 개념은 공공 이슈에 관한 사적 개인의 비판적 토론이 공공정책 결정에서 중요한 역할을 수행해야 한다는 규범적 가정을 포함한다. 당초 부르주아 시민계급에 있어 이성의 공

적 사용이라는 측면에서 비판적 공공성을 공론장의 핵심
으로 보았던 하버마스는 신문이 공론장 탄생에 중요한 역
할을 한 것으로 평가했다. 하지만 이후의 저작에서 그는 자
본주의와 대중문화의 발달에 따른 대중매체의 변화가 토
론의 주체였던 시민을 소비자로 전락시켰고, 이에 따라 공
론장이 재봉건화되었다고 지적했다.

대중매체의 발달로 인한 저널리즘의 위기는 인터넷으
로 공론장이 확대되면서 또 다른 문제에 직면했다. 쌍방향
토론이 가능하고 주류 담론을 일방적으로 소비하는 방식이
아닌 개별 주체의 담론 생산 가능성 등으로 각광받던 초기
인터넷 시대가 그렸던 것과 달리 공론장의 현재 모습은 당
초 기대와는 멀어진 것처럼 보인다. 특히 인터넷 공간으로
옮겨온 주류 저널리즘은 조회 수와 주목 경제에 기반한 뉴
스 제공으로 이념적 양극화, 플랫폼 종속, 알고리즘에 의한
필터 버블과 확증 편향 같은 많은 문제점을 노출하며 공론
장 기능을 상실했다는 비판에 직면해 있다.

결국 공론장의 위기는 대중매체의 상업화와 인터넷
공론장에서 담론이 붕괴된 것이 원인이라고 할 수 있다. 이
를 회복시키는 과정이 쉽지는 않겠지만 적어도 의도적인
가짜 뉴스에 대해서는 책임을 묻는 과정이 필요하고, 뉴스

를 소비하는 이용자가 그동안 편파적이고 폭력적인 댓글로 마치 사회적 불만을 배설하는 창구처럼 소비했던 온라인 공간을 건전한 토론과 숙의의 공간으로 정비하는 노력이 필요하다. 악성 댓글에 대해서는 처벌 가능한 법률이 이미 있지만 공적 담론에 대해서는 실명으로 참여하게 하는 제한적인 조치도 있을 수 있다. 물론 언론의 공론장 기능 회복은 단순히 리터러시 차원에서 접근할 문제도 아니고 사회 전반의 개혁적인 조치가 맞물려야 가능하다. 하지만 사회 전반의 리터러시 역량을 향상시키기 위해서는 현재 무너진 언론 기능 회복이 가장 시급하고 중요하다는 점에는 이론의 여지가 없다.

셋째, 의사소통 도구로 리터러시는 기본적으로 잘 다듬어진 언어 사용 능력에 기반하기 때문에 말하기, 글쓰기, 읽기가 통합된 교육이 필요하다. 그리고 읽고, 쓰고, 말하는 모든 과정을 아우르는 효과적인 방법으로 독서만 한 것이 없다고 생각한다. 공공도서관이나 학교도서관은 이러한 통합적인 독서 교육을 진행하기에 적합한 공간이다. 이들 도서관에서 독서를 매개로 읽고, 토론하고, 쓰는 활동을 잘 연계해 제공할 수 있도록 국가 차원의 독서 진흥 정책도 제고될 필요가 있다. 단순히 책을 비치하거나 책을 읽을 기회를 제공하는 것만으로 사회 전반의 리터러시 역량을 끌어 올리기는 어렵다. 사회적 관심사를 다루는 책을 골라내고 그러한 책을 통해 스스로 읽고, 쓰고, 토론하며 생각을 정리할 기회를 제공하는 역량 있는 전문 인력 배치에 투자하는 것이 기본이지만 아쉽게도 도서관을 진흥하는 정책에서 전문 인력 배치는 늘 후순위로 다루어지거나 논의 대상에 오르지도 못한다.

기계화, 자동화 되어가는 사회 속에서 인간의 의사 결정과 창조적인 작업까지 AI가 위협할 수 있다는 전망이 나오는 지금 사람과 자료, 정보와 지식을 연결하고, 이를 통해 스스로의 생각과 의사를 자유롭게 전달할 수 있도록 하는 것이야말로 사회 전반의 리터러시를 끌어올리기 위해 가장 좋은 투자가 아닐까 한다.

마지막으로 리터러시 실천 기관으로 공공도서관이 해결해야 할 점들을 이야기하고 싶다. 앞서 언급한 여러 가지 장점에도 불구하고 공공도서관이 리터러시 실천의 핵심 기관이 되려면 아직 헤쳐 나가야 할 몇 가지 문제가 남아 있다. 우선 많은 공공도서관이 리터러시 서비스를 내걸고 있지만 복합적인 의사소통 역량으로 리터러시 개념을 이해하고 이를 통합적으로 설계한 과정은 찾아보기 어렵다. 이는 리터러시 서비스를 기획하고 주도해야 할 공공도서관의 직무 관계자들조차 리터러시의 복합적이고 다층적인 개념을 명확하게 이해하고 있지 못하다는 점과 암묵지적인 리터러시 교육과정을 가시화된 콘텐츠로 엮어내기 어렵다는 본질적인 한계 그리고 이미 시장을 선점한 교육 기관이 공공 부문에 참여하여 제공하는 교육과정이 대부분 디지털과 미디어라는 매체와 관련된 내용으로 한정되어 있다는 점 등이 복합적으로 작용한 결과로 볼 수 있다.

여러 장점을 가진 공공도서관의 리터러시 실천이 제대로 이루어지려면 도서관의 다양한 서비스와 유기적으로 연결된 리터러시 프로그램을 기획할 담당자의 역량이 중요하다. 담당자의 역량은 교육 훈련 과정을 통한 재교육도 의미가 있겠지만 그보다는 직접 서비스를 기획하고 진행해볼 수 있는 기회가 많아야 한다. 그리고 개별 도서관이 각 도서관의 환경과 이용자를 고려해 창의적으로 리터러시 서비스를 개발하고 시행하도록 돕는 정책적인 지원도 풍성해져야 한다.

하지만 아직까지도 우리나라의 리터러시 정책은 공모를 통해 개별 프로그램을 지원하거나 미디어 활용에 필요한 기술을 익힐 공간을 조성하는 것처럼 정형화된 사업에 집중되어 있다. 그러다 보니 정작 미디어 리터러시를 진작시키기 위해 설치한 미디어랩에서 영상을 다루는 기술만 남고 미디어를 이해하고 활용하는 교육은 실종된 프로그램이 나타나기도 한다.

한편 지금까지 우리의 리터리시 관련 정책은 민간이 개발한 프로그램을 공공 영역에 이식하는 차원으로 진행되었으며, 이것은 도서관 분야에서도 마찬가지다. 어떻게 보면 민간 영역에서 그 필요성이 검증된 사업을 공공에서 정책으로 받아들이는 과정은 당연하고 자연스럽다. 단, 공공성을 띤 사업일지라도 온 국민을 대상으로 하는 정책 과정을 밟아갈 때 놓치지 말아야 할 것은 개개의 프로그램이 개인의 리터러시 역량을 개발하는 데 맞춰진 것처럼 보일지라도 정책 목표는 사회 전체의 리터러시를 고르게 발전시키는 데 두어야 한다는 점이다.

그런 면에서 주의해야 할 것은 상업화된 리터러시 서비스에 잠재된 개별화와 격차의 가능성이다. 대부분의 상업화와 마찬가지로 리터러시 교육의 상업화에 따르는 우려는 리터러시가 의사소통을 통한 우리 사회의 합리적 발전에 기여한다는 공익적 목표를 축소함으로써 마치 기능적 리터러시의 입장처럼 개개인의 역량 개발을 강조하고 리터러시를 또 다른 차별과 갈라치기의 도구로 전락시킬 위험이 있다는 점이다.

따라서 개인적 역량으로서 리터러시뿐 아니라 사회적 역량으로서 리터러시에 대한 관심을 높이고 공적 영역에서 사회의 필수 역량으로 리터러시가 자리매김하게 할 필요가 있다. 이런 측면에서 보편적 복지를 실천하는 대표적 기관인 공공도서관을 통한 다양한 리터러시 실천 확대는 개개인의 삶에 필요한 필수적인 역량을 기를 기회를 누구에게나 차별하지 않고 제공한다는 점에서 정책 과제로서 의의가 있다.

다시 말하지만 한 사회의 리터러시 역량을 끌어올리는 일은 개인의 리터러시 실천만으로는 어렵다. 더욱이 리터러시가 일상 속에서 삶을 영위하는 가운데 다듬어지고, 타인과의 소통을 통해 균형적으로 발전하는 암묵지적 성격을 가진다는 점에서 사회 전반의 리터러시 역량을 향상시키기 위한 세밀한 정책적 견인이 필요하다. 그러므로 공공도서관 현장에 다양한 리터러시 프로그램을 보급하려는 노력보다는 현장 인력에 대해 리터러시의 명확한 개념과 공공도서관 서비스로 리터러시가 지니는 함의에 대한 교육이 먼저 이루어져야 할 필요가 있다. 그래야지만 공공도서관 현장에서 서비스를 책임지는 전문 인력의 리터러시 개념에 대한 이해가 바로 서고, 하나의 통합된 역량으로서 멀티 리터러시를 지원하는 방향으로 각 공공도서관의 서비스가 재편될 수 있을 것이다.

이 책을 쓰는 중에 나는 독서를 통해 몇 가지 울림 있는 문장들을 만났다. '사람, 장소, 환대'라는 세 가지 키워드를 통해 '우리는 환대에 의해 사회 안에 들어가며 사람이 되고, 사람이 된다는 것은 자리/장소를 갖는다는 것'이라는 주제를 매력 있게 설파한 김현경의 책에는 인간이 행위와 말로 사람들 사이의 공간, 즉 언제 어디서든지 자신의 적당한 위치를 발견할 수 있는 공간을 창조할 수 있다는 한나 아렌트의 말이 인용되어 있다.

이것이 함께 말하고 행동하는 무리로서 사회 안에서 적절한 의사소통과 이에 따른 행위를 통해 그 구성원으로서의 존재라는 것이 인정된다는 의미라면 아힘 페터스 Achim Peters가 포유류 사이에서 볼 수 있는 사회적 결속력이 그룹 뿐 아니라 개인의 생존을 지원하며, 그 중심에는 의사소통이라는 독특한 능력이 있다고 한 것은 인간의 삶을 지속하는 능력으로서 의사소통의 중요성을 지적한 것이라고 할 수 있다. 그리고 이 두 진술 모두 넓은 의미에서 사회적 동물로서 인간의 삶에 필요한 리터러시 능력과 연결되어 있다.

본문에서 여러 차례 언급한 것처럼 리터러시는 단순히 문자나, 매체를 다루는 기술, 매체를 이해하는 방식을 습득하는 능력으로 나뉘어 이해될 수 없고, 이 모든 것이 다층적으로 결합되어 인간의 의사소통을 지원하는 복합적인 역량으로 이해되어야 한다. 그리고 이를 위해서는 교과과정 같은 제도적인 리터러시 습득의 기회를 다듬고 확대하는 노력뿐 아니라 암묵지적이고 일상적인 실천에 연결되어 있는 리터러시 습득의 특성을 고려하여 리터러시 실천과 관련된 사회 전반의 문제들을 개선하려는 정책적 노력이 필요하다.

리터러시 실천과 관련한 정책적 고민의 어려움은 저출생[1] 문제에 대한 그것과 상당히 유사하다. 세계에서 가장 빨리 늙어가는 나라이자, 아이를 낳지 않는 비율이 가장 빠르게 늘어나는 나라인 대한민국에서 저출생에 대한 대책은 이미 오래전부터 고민거리였다. 정부는 우리나라가 저출생 국가에 진입한 1983년 이후부터 대통령 직속 위원회를 설치하고 3차에 걸친 '저출산·고령사회 기본 계획'을 수립했다. 그리고 이러한 정부 정책 기조에 호응하여 각 지방자치단체도 저출생 문제를 해결하고자 여러 시책을 개발, 시행해왔다.

그럼에도 불구하고 현재 대한민국은 여전히 저출생과 고령화가 사회 경제 체제의 존립을 위협하는 수준이라는 진단을 받으며, 출산율 제고에만 초점을 맞춘 근시안적인 정책에 대한 비판에 직면해 있다. 사실 아이를 낳을 수 있는 연령대의 청년들이 직면한 사회경제적 불안 요소들에 대한 고려 없이 출산장려금, 아동수당, 난임시술비 지원처럼 '출산'에만 초점을 맞춘 정책들로는 효과를 얻을 수 없다. 물론 출산과 관련된 직접적인 지원이 저출생 문제의 해법에 일부분이 되어야겠지만 일자리와 주거의 안정, 안전한 양육 환경, 노동시장에서의 성차별 같은 다른 문제들에 대한 해결책이 함께 모색되어야만 그 효과가 가시화될 수 있다는 점에서 저출생 대책은 복합적인 대안이 치밀하게 직조된 종합 계획으로 수립되어야 한다.

이것은 리터러시 향상을 위한 정책에서도 마찬가지다.

아니 오히려 저출생보다 더 복잡하고 애매하다. 저출생 대책은 출생률을 높인다는 목표가 확실하게 설정될 수 있지만 오늘날 필요한 리터러시의 향상이라는 건 단순히 문맹률을 낮추는 것으로 목표를 설정할 수 없고, 다층적이고 복합적인 역량을 측정하는 데 보편적으로 저용할 수 있는 리터러시 성취 기준이라는 것도 존재하지 않기 때문이다. 따라서 보다 더 장기적이고 엄밀한 계획과 더불어 사회 전반에 대한 캠페인이 함께 이루어질 필요가 있지만 기본적으로 광범위하고 모호하게 느껴지는 복합적인 리터러시 개념을 어디까지 실천에 연계해 가시적인 결과를 목표로 도출할 수 있을지에 대한 딜레마가 남는다. 이것은 학문적인 연구와 실천적인 정책을 조율하는 노력이 요구되는 부분이다.

그럼에도 불구하고 리터러시 개념을 다시 세우고 우리가 의사소통의 기본으로 삼고 있는 말과 글에 대해 다시 생각해보는 일은 더 이상 늦출 수 없는 당면 과제라는 생각이 든다. 우리가 사용하는 말과 글이 올바르지 않으면 잘못된 말과 글을 토대로 한 역량 강화는 진정한 리터러시 측면에서 무의미하고 바람직하지도 않기 때문이다. 상처가 되는 말, 혐오를 부추기는 글은 연대를 멈추게 하고 공동체를 파괴한다. 우리는 함께 살아가는 누군가와 소통하기 위한 목적으로, 그 소통을 기반으로 좋은 사회를 만들어 나가는 기술로 리터러시를 기르고자 하는 것이기 때문이다. 그러므로 개인의 삶의 질과 역량의 향상만이 아니라 함께 살아가는 미래를 위해 공동체를 복원하는 방안으로 리터러시에 대한 재고가 이루어져야 한다는 것을 이 책의 마지막 당부로 남기고 싶다.

주

1 말, 글 그리고 리터러시

1 "우리는 글을 씀으로써 너무나 많은 위로를 받을 수 있다. 당신이 책을 펴서 한 줄을 읽고는 '맞아!'라고 외친 적이 얼마나 많았는지를 생각해보라. 그리고 나 역시 다른 사람들에게 내가 외롭지 않고, 언제나 다른 사람들과 연결되어 있다는 느낌을 전해주고 싶다." 앤 라모트, 『쓰기의 감각: 삶의 감각을 깨우는 글쓰기 수업』, p208.

2 Gunther Kress, 『Literacy in the New Media Age』, p9.

3 윤준채, 「문해력의 개념과 국내외 연구 경향」, p7.

4 김성우·엄기호, 『유튜브는 책을 집어삼킬 것인가: 삶을 위한 말귀, 문해력, 리터러시』, p12.

5 James Paul Gee, Nike Besnier, Brian V. Street 등의 학자들이 이에 해당한다.

6 Brian V. Street 등이 주도했던 1980년대와 1990년대에 번성했던 리터러시 연구의 사회적 변화를 가리키는 것으로 James Paul Gee에 의해 고안된 용어다.

7 학문 분야에 따라 '다양상성', '다중양태' 등으로 번역되어 사용되는 멀티 모달리티는 의사소통 방식에 활용되는 다양한 양식을 가리킨다. 전통적인 텍스트뿐 아니라 음성, 동작, 시선, 이미지 등을 포함하는 이 용어는 다양한 미디어 환경에서 상호 결합하는 여러 방식에 대한 사회기호학적 접근에 따라 생겨났다.

8 James Paul Gee, 「Literacy, Discourse, and Linguistics: Introduction」, p5.

9 "수육국밥 주문하려고요" 112 신고에 데이트폭력 알아챈 경찰, 연합뉴스, 2022.9.25.

10 1975년 9월 3일부터 8일까지 이란 남서부에 있는 페르시아 유적지인 페르세포네에서 열렸던 리터러시에 대한 국제 심포지움에서 발표된 선언으로, 리터러시를 기본적인 인권으로 보는 내용을 담고 있다.

11 Programme for International Student Assessment. 만 15세 학생의 수학·읽기·과
학 소양 수준과 추이를 국제적으로 비교하고 교육 맥락 변인과 성취도 사이 관계를 파
악하기 위해 3년 주기로 시행한다.

12 Programme for the International Assessment of Adult Competencies. 성인의 핵
심 역량이 사회에 어느 정도 분포되어 있는지, 직장과 가정에서 이 역량들이 어떻게
사용되는지에 대한 통찰을 제공할 목적으로 2008년부터 실시된 국제적인 조사로 언
어능력literacy, 수리력, 컴퓨터 기반 문제해결력 등에 대한 측정을 포함한다. 2008년
부터 2013년까지 1주기 조사를 마쳤으며, 현재 진행 중인 2주기 사업은 2018년부터
2024년까지 이루어질 예정이다.

2 리터러시는 사회 안에서 다듬어진다

1 청소년 흡연 예방 캠페인용으로 고안된 것으로 'No담배'라는 의미다.

2 2019년 아카데미상을 수상한 봉준호 감독의 영화 〈기생충〉에 대해 영화평론가 이동
진이 올린 "상승과 하강으로 명징하게 직조해낸 신랄하면서 처연한 계급 우화"라는 한
줄평에 대해 지나치게 어려운 단어를 썼다는 비난과 낱말 뜻도 제대로 모르는 무지가
더 문제라는 서로 대립하는 댓글들로 논란이 일었다.

3 2020년 광복절을 앞두고 임시공휴일을 지정함으로써 연휴가 사흘로 늘었다는 보도
가 나오자 누리꾼 사이에서 댓글을 통해 사흘이 3일이냐 아니면 4일이냐는 논란이 벌
어졌다.

4 2022년 한 카페에서 유명 웹툰 작가의 사인회에 대한 예약 접수 과정 오류에 대해 심
심한 사과의 말씀을 드린다고 공지를 올렸다가 누리꾼들이 '심심(甚深)하다'를 '지루하
다' 내지는 '무료하다'의 뜻으로 이해하고 비난의 댓글을 달면서 논란이 됐다.

5 주경복, 「한−불 은어 비교를 통한 언어의 사회심리적 기능 연구」, p316.

6 김태경 외, 「청소년의 비속어·욕설·은어·유행어 사용 실태와 언어 의식 연구」, p76.

7 '김치녀'는 남성에게 모든 것을 의지하고 남성을 통해 신분 상승하려는 여성을, '된장
녀'는 수준에 맞지 않는 소비 생활을 하는 여성을 가리키는 뜻으로 사용되며, 모두 한
국 여성을 비하하는 용어다. '꼴페미'는 여성 우월 사상을 가진 지나친 페미니스트를
지칭하는 용어로, '맘충'은 엄마라는 입장을 특권처럼 내세워 주변 사람과 사회 전반에
직간접적인 피해를 입히는 유자녀 여성을 비꼬는 의미로 사용된다. '한남'은 '한남충'으
로도 쓰이며 한국 남성 전체를 비하하는 멸칭으로 쓰이며, '냄져'는 '남자'라는 단어를
변형해서 만든 남성 혐오 용어다.

8 '개줌마'와 '개저씨'는 한국의 중년 남녀를, '틀딱충'과 '연금충'은 노인 세대를, '잼민이'

와 '급식충'은 어린이와 청소년을 비하하는 표현이다.

9 EB(exabyte)=10^{18}이며, ZB(zetabyte)=10^{21}이다.

10 설 기차 '타보니'… 입석엔 노인들, 경향신문, 2019.2.4.

11 미국도서관협회ALA는 디지털 리터러시를 "정보 통신 기술을 활용하여 정보를 찾고, 평가하고, 창조하고 소통하는 능력으로 인지적이고 기술적인 기량을 모두 요구한다"고 정의하며, 전 회원국의 미디어 리터러시 증진을 위한 가이드라인이 포함된 유럽 미디어 리터러시 헌장은 미디어 기술의 효과적인 사용, 미디어 콘텐츠 생성에 대한 이해, 미디어가 전하는 메시지의 비판석 분석, 창의적인 미디어 사용, 민주적인 권리와 시민적 책임을 동반한 미디어의 효과적 사용 등이 가능한 역량으로 설명한다.

12 Paul Gilster, 『Digital Literacy』.

13 1978년 NTC(The National Telemedia Council)로 명칭을 바꾸었으며, NTC는 미국의 미디어 리터러시 교육과 관련해서 가장 오랫동안 활동한 비영리단체다. 'Better Broadcasts, Better World'로 시작한 뉴스레터는 1983년 'Telemedium', 1994년 'The Journal of Media Literacy'로 제호가 변경되었다(Michael RobbGrieco, 『Making Media Literacy in America』, Rowman&Littlefield, 2018, p153).

14 History of Media Literacy[2021.7.7.](www.frankwbaker.com/mlc/media-literacy-history/). 미디어 리터러시 교육활동가인 프랭크 베이커Frank W. Baker가 정리한 이 연표는 Art Silverblatt이 펴낸 『The Praeger Handbook of Media Literacy』(Praeger, 2014)에도 수록되었다.

15 이용자의 관심사에 맞춰 걸러진 인터넷 정보로 인해 편향된 정보에 갇히는 현상.

16 "사회 구성원 간의 합리적 토론을 통해서 사회 구성원들의 보편적 이익에 관한 사회적 합의social consensus를 도출하는 담론적 공간"(행정학전자사전)을 가리키며 위르겐 하버마스Jürgen Habermas가 정의한 의사소통의 공공 영역을 가리킨다.

17 이선민, 「클릭 유도성 뉴스가 일반적인 뉴스의 이용에 미치는 효과」, p182.

18 이유미·오미영, 「포스트휴먼 시대 청소년의 정신 건강: 비대면 대화 매체 사용과 언어폭력 관련성 연구」, 2019.

3 제대로 된 리터러시를 갖추려면

1 '읽는 습관' 부족하고 제대로 글 안 읽는 사람 많아… 3명 중 1명 "주변에 읽기 능력이 부족한 사람이 많다", 매드타임즈, 2021.11.27.

2 숏폼이 대세… 유튜브 "쇼츠 조회 수 하루 300억 회, 수익화 방안 곧 마련", 중앙일보, 2022.7.18.

3 이순영 외, 『청소년 독자·비독자 조사 연구』, 2019.

4 2017년 『사이언스』誌에 호모사피엔스가 기존의 30만 년 전보다 5만 년이 더 늘어난 35만 년 전에 출현했다는 연구 결과가 발표됐다.

5 데이비드 크리스털은 저서 『언어의 역사: 말과 글에 관한 궁금증을 풀다』를 통해 적어도 10만 년경 혹은 그보다 약간 더 이른 시점부터 말이 시작되었을 가능성이 있으며, 기원전 3,000년 이전부터 말이 시작된 것은 거의 틀림없는 사실이라고 밝혔다. 반면 토르 얀손은 저서 『언어의 역사』에서 지금의 언어 형태는 최소 4만 년 전부터 존재했으나 최초로 언어가 사용된 것은 구석기시대가 시작된 약 200만 년 전으로 볼 수 있다고 주장했다.

6 얀손에 따르면 대다수의 연구자는 문자가 세 차례 독립적으로 발명된 것으로 믿는데 첫째는 기원전 3,000년경 메소포타미아 지역에서, 둘째는 기원전 1,500년 이전 중국에서, 마지막으로 기원전 3~4세기경 중앙아메리카 지역이다. 토르 얀손, 『언어의 역사』, 김형엽 옮김, 한울, 2015, p84.

7 이장욱, 「책 읽기와 함께 글쓰기를」, 『서울 리뷰오브북스』, 3: p215.

8 2018년 10월 7일자 한겨레신문에 어린이와 청소년 10명 중 4명이 매일 한 번 이상 욕을 한다는 내용의 기사가 실렸고, 2021년 10월 7일자 대전일보에 욕설과 비속어가 학교의 고질적 문제로 자리잡았고 학생들의 문해력은 눈에 띄게 떨어지고 있다는 내용의 기사가 실렸다.

9 홍병선, 「'비판적 사고'가 갖는 철학적 함의」, p454.

10 구글엔그램뷰어(books.google.com/ngrams)에서 'critical thinking'으로 검색한 결과(2023.7.11).

11 게이트 키퍼gate keeper란 문화인류학에서 출판물이나 신문·잡지의 편집자, 미술관과 박물관 등의 큐레이터처럼 수많은 글, 작품 중에 쓸만한 것을 골라 알기 쉽게 정리해주는 사람을 일컫는다. 도서관 사서 역시 엄선된 장서와 정보에 대한 접근을 제공하는 전통적인 게이트 키퍼의 역할을 했다.

12 1994년 미국 뉴햄프셔 뉴런던에 모여 세계화된 커뮤니케이션 환경의 변화에 대응하여 리터러시 교육에 대한 새로운 접근을 논의했던 10명의 학자를 지칭한다. 뉴런던 그룹은 언어학만을 중심으로 고착되어 있던 리터러시 교육에 대한 접근에서 벗어나 언어학, 시청각, 몸짓과 공간 양식 등 다양한 텍스트 환경을 포함하는 확장된 멀티 리터러시 교육으로 변화할 것을 제안하였다.

4 리터러시 실천과 도서관

1 마이클 폴라니Michael Polanyi에 의해 고안된 개념. 언어나 문장 등으로 표현하기 어려운 주관적이고 개인적인 지식을 가리키며, 이와 대립되는 개념인 형식지는 언어, 문장, 기호 등으로 표현 가능한 객관적 지식의 의미로 주로 사용된다.

2 누나를 노래방 아가씨로… 앱 번역기 오류가 불러온 살인 참극, 연합뉴스, 2022.4.30.

3 천현우, 『첫밥일지: 청년공, 펜을 들다』, 문학동네, 2022, p19.

4 금융감독원이 2021년 9월 15일 발표한 '21년 상반기 국내 은행 점포 운영 현황'에 따르면 시중 은행의 점포 수는 2015년 말 7,281개소에서 2021년 말 6,326개소로 감소하였다. 매년 지속적으로 폐쇄되는 점포 수가 늘어나고 있음을 보여준다.

5 2023년 5월 16일 기준, 인터넷서점 예스24에 등록된 챗GPT를 키워드로 하는 출간 6개월 이내 서적은 모두 229종이다.

6 DNA를 가위로 자르듯이 특정 부위를 잘라서 식물·동물의 육체적인 특징을 바꿀 수 있는 유전자 편집 기술.

7 "챗GPT 사용 못 하면 직업 전선서 도태될 수도", 연합뉴스, 2023.2.27.

8 미국의 심리학자로 감정과 표정 연구의 권위자. 『표정의 심리학』이란 저서로 널리 알려져 있다.

9 2021년에 출간된 김내훈의 책 『프로보커터』의 부제다.

10 파주 교하도서관의 자서전 워크숍을 통해 작가가 된 『할머니 독립만세』의 김명자, 『고향에서 놀던 때가 그립습니다』의 이재연 어르신이 대표적이다.

11 일반적으로 1848년 매사추세츠 주법에 따라 건립된 보스톤공공도서관을 최초로 보지만, 근거 법령 설치 여부를 떠나서 공중에 무료로 서비스하는 현대적 의미의 공공도서관의 출현은 1833년 뉴햄프셔주에 설치된 소규모 도서관이었던 피터버러Peterborough도서관으로 보기도 한다.(ALA)

12 1731년에 벤자민 프랭클린이 그의 철학 토론 그룹이었던 준토Junto의 회원들과 함께 설립했던 회원제 도서관. 설립 당시 프랭클린은 모임이 열리는 방으로 회원 각자가 책을 가져와 공동으로 이용할 수 있게 하자고 제안했으며 이것이 발전하여 회원제 도서관이 되었다.

13 노라나 허츠, 『고립의 시대: 초연결 세계에 격리된 우리들』, p119.

14 '인간은 정치적 동물zoon politikon'이라는 아리스토텔레스의 표현이 라틴어에서 그리스어로 옮겨지며 '사회적 동물'로 오역되었다고 알려져 있다.

나가는 글

1 법적으로 공식화된 용어는 '저출산'이지만 일부 여성을 중심으로 제기된 문제의식 즉
    인구 정책의 목적이 단지 여성만을 대상으로 한 출산율 제고가 아니라 여성이 아이를
    낳고 키울 수 있는 사회적 조건 확보로 바뀌어야 한다는 주장에 동의하여 '저출생'으
    로 표기하였다.

참고문헌

단행본

강준만, 2019, 『한국언론사: 한성순보에서 유튜브까지』, 서울: 인물과사상사.

김내훈, 2021, 『프로보커터: '그들'을 도발해 '우리'를 결집하는 자들』, 파주: 서해문집.

김대식, 2023, 『챗GPT에게 묻는 인류의 미래』, 서울: 동아시아.

김성우·엄기호, 2020, 『유튜브는 책을 집어삼킬 것인가: 삶을 위한 말귀, 문해력, 리터러시』, 서울: 도서출판 따비.

김승섭, 2018, 『우리 몸이 세계라면』, 서울: 동아시아.

김영민, 2020, 『공부란 무엇인가』, 서울: 어크로스.

김현경, 2015, 『사람, 장소, 환대』, 서울: 문학과지성사.

민병곤 외, 2018, 『2018년 국민의 국어능력 실태 조사』, 서울: 국립국어원.

엄기호, 2014, 『단속사회』, 파주: 창비.

오애리·구정은, 2022, 『성냥과 버섯구름: 우리가 몰랐던 일상의 세계사』, 서울: 학고재.

이순영 외, 2019, 『청소년 독자·비독자 조사 연구』, 서울: 한국출판문화산업진흥원.

이재열 외, 2015, 『한국 사회의 질: 이론에서 적용까지』, 파주: 도서출판 한울.

이좌용·홍지호, 2015, 『비판적 사고: 성숙한 이성으로의 길』, 서울: 성균관대학교 출판부.

정우향, 2011, 『바흐친의 대화주의와 외국어 읽기 교육』, 서울: 박이정.

정현종, 2009, 『섬: 시인의 그림이 있는 정현종 시선집』, 파주: 문학판.

천현우, 2022, 『쇳밥일지: 청년공, 펜을 들다』, 파주: 문학동네.

한국언론재단, 2022, 『2022 언론 수용자 조사』, 서울: 한국언론진흥재단.

한국지능정보사회진흥원, 2022, 『2021 사이버폭력 실태 조사 결과 보고서』, 서울: 방송통신위원회.

한국지능정보사회진흥원. 2022. 『2021 인터넷 이용 실태 조사』. 세종: 과학기술정보통신부.

한국출판연구소. 2021. 『2021년 국민 독서 실태 조사』. 세종: 문화체육관광부.

Aristotle. 3844-322 B.C. *Aristotleles Techne Rhetorike*. 박문재 옮김. 2020. 『아리스토텔레스의 수사학』. 파주: 현대지성.

Basbanes, Nicholas A. 1995. *A Gentle Madness; Bibliophiles, Bibliomanes, and the Eternal passion for Books*. 표정훈 외 옮김. 2006. 『젠틀 매드니스: 책, 그 유혹에 빠진 사람들』. 서울: 뜨인돌.

Battles, Matthew. 2003. *Library: an Unquiet History*. 강미경 옮김. 2004. 『도서관, 그 소란스러운 역사』. 서울: 넥서스BOOKS.

Boghossian, P. and Lindsay, J. 2019. *How to Have Impossible Conversations: A Very Practical Guide*. 홍한결 옮김. 2021. 『어른의 문답법: 개싸움을 지적 토론의 장으로 만드는』.

Bohn, Andreas and Andreas Seiler. 2014. *Mediengeschichte: Eine Einführung*. 이상훈, 황승환 옮김. 2020. 매체의 역사 읽기: 동굴벽화에서 가상현실까지. 서울: 문학과지성사.

Carr, Nicholas. 2010. *The Shallows*. 최지향 옮김. 2011. 『생각하지 않는 사람들: 인터넷이 우리의 뇌 구조를 바꾸고 있다』. 서울: 청림출판.

Cavallo, Guglielmo and Roger Chartier 1995. *Storia della lettura nel mondo occidentale. Roma: Laterza*. 이종삼 옮김. 2006. 『읽는다는 것의 역사』. 서울: 한국출판마케팅연구소.

D'Angelo, Edward. 2006. *Barbarians at the Gates of the Public Library how Postmodern Consumer Capitalism Threatens Democracy, Civil Education and the Public Good*. 차미경, 송경진 옮김. 2011. 『공공도서관 문 앞의 야만인들』. 서울: 일월서각.

Doyle, Christina S. 1992. *Outcomes Measures for Information Literacy within the National Education Goals of 1990*. Final Report to the National Forum on Information Literacy. Summary of Findings ED351 033. Syracuse, N. Y. : Eric Clearinghouse on Information and Technology.

Dunbar, Robin. 2022. *Friends: Understanding the Power of our Most Important Relationships*. 안진이 역. 2022. 『프렌즈: 과학이 우정에 대해 알려줄 수 있는 가장 중요한 것』. 서울: 어크로스.

Eisenberg, M., and R. Berkowitz. 1990. *Information problem solving: The Big Six Skills Approach to Library & information skills instruction*. Norwood, N.J.: Ablex.

Foer, Franklin. 2017. *World without Mind: the Existential Threat of Big Tech*. 이승연, 박상현 옮김. 2019.『생각을 빼앗긴 세계: 거대 테크 기업들은 어떻게 우리의 생각을 조종하는가』. 서울: 반비.

Freire, Paulo. 1970. *Pedagogy of the Oppressed*: 50th Anniversary Edition. 남경태, 허진 옮김. 2019.『페다고지: 50주년 기념판』. 서울: 그린비.

Gilster, Paul. 1997. *Digital Literacy*. Chichester: Wiley Computer.

Graff, Harvey J. 1979. *The Literacy Myth: Literacy and Social Structure in the Nineteenth Century City*. New York: Academic Press, Inc.

Habermas, Jürgen. 1962. *Strukturwandel der oeffentlichkeit :untersuchungen zu einer kategorie der burgerlichen gesellschaft*. 한승완 옮김. 2001.『공론장의 구조변동: 부르조아 사회의 한 범주에 관한 연구』. 서울: 나남출판.

Hertz, Noreeena. 2021. *The Lonely Century : How to Restore Human Connection in a World that's Pulling Apart*. 홍정인 옮김. 2021.『고립의 시대: 초연결 세계에 격리된 우리들』. 파주: 웅진지식하우스.

Hobbs, Renee. 2010. *Digital and Media Literacy: a Plan of Action*. Washington, D. C.: The Aspen Institute.

Jean, Georges, 1987. *Writng*. 이종인 옮김. 1995.『문자의 역사』. 서울: 시공사.

Kamkwamba, W. and Bryan Mealer. 2009. *The Boy Who Harnessed the Wind: Creating Currents of Electricity and Hope*. 김홍숙 옮김. 2009.『바람을 길들인 풍차 소년: 열 네 살 캄쾀바, 아프리카에 희망의 불을 켜다』. 파주: 서해문집.

Kress, Gunter. 2003. *Literacy in the New Media Age*. London: Routledge.

Kutz, Matthew. 2017. *Contextual Intelligence: How Thinking in 3D Can Help Resolve Complexity*. 박수철 옮김. 2018.『맥락지능: 상황을 읽어내고 예측하는 입체적 사고법』. 서울: 현암사.

Lamott, Anne. 1994. *Bird by Bird: Some Instructions on Writing and Life*. 최재경 옮김. 2018.『쓰기의 감각: 삶의 감각을 깨우는 글쓰기 수업』. 파주: 웅진지식하우스.

Liu, Ken. 2016. *The Paper Menagerie and other Stories*. 장성주 옮김. 2018.『종이동물원』. 서울: 황금가지.

McLuhan, H. Marshall. 2003. *Understanding Media: the Extensions of Man*. 김상호 옮김. 2011.『미디어의 이해: 인간의 확장』, 서울: 커뮤니케이션북스.

Ong, Walter J. 1982. *Orality and Literacy: the Technologizing of the World*. 이기우, 임영진 옮김. 1995.『구술문화와 문자문화』. 서울: 문예출판사.

Orwell, George. 이한중 편역. 2010. 『나는 왜 쓰는가?』. 서울: 한겨레출판.

Peters, Achim. 2018. *Unsicherheit :das Gefühl unserer Zeit - und was uns gegen Stress und gezielte Verunsicherung hilft*. 이미옥 옮김. 2022. 『불확실성의 심리학: 스트레스와 불안감을 어떻게 떨칠 수 있을까』. 서울: 에코리브르. p.255.

Sagan, Carl. 1980. Cosmos. 홍승수 옮김. 2018. 『코스모스』. 서울: 사이언스북스.

Sandel, Michael J. 2020. *The Tyranny of Merit*. 황규진 옮김. 2020. 『공정하다는 착각: 능력주의는 모두에게 같은 기회를 제공하는가』. 서울: ㈜미래엔.

Sassoon, Donald. 2006. *The Culture of the Europeans*. 오숙은 외 옮김. 2012. 『유럽 문화사 5, 1920~1960 국가』. 서울:뿌리와이파리.

Shera, Jesse H. 1949. *Foundations of the Public Library: The Origins of the Public Library Movement in New England 1629-1855*. Chicago: University of Chicago Press.

Sikov, Ed. 2010. *Film Studies: an Introduction*. 김성호, 전일성 옮김. 2019. 『영화학개론』. 서울: 비즈앤비즈.

Street, Brian V. 1984. *Literacy in Theory and Practice*. Cambridge: Cambridge University Press.

Thompson, Clive. 2013. *Smarter than You Think : How Technology is Changing Our Minds for the Better*. 이경남 옮김. 2015. 『생각은 죽지 않는다: 인터넷이 생각을 좀 먹는다고 염려하는 이들에게』. 서울: 알키.

Wolf, Maryanne. 2018. *Reader, Come Home*. 전병근 옮김. 2019. 『다시, 책으로: 순간 접속의 시대에 책을 읽는다는 것』. 서울: 어크로스.

Zurkowski, Paul G. 1974, *The Information Service Environment Relationships and Priorities*. Related Paper No.5, National Commission on Libraries and Information Science.

논문

강주현·임영호, 2019, 「사회문제 해결을 논할 수 있는 온라인 공론장의 구조적 조건」, 『한국언론학보』, 53(1): 113-164.

김광수, 2002, 「비판적 사고론」, 『철학연구』, 제58집: 5-42.

김태경 외, 2012, 「청소년의 비속어·욕설·은어·유행어 사용 실태와 언어 의식 연구」, 『국제어문』, 54: 43-93.

박홍원, 2012, 「공론장의 이론적 진화: 다원적 민주주의에 대한 함의」, 『언론과 사회』,

20(4): 179-229.

양은아, 2021, 「TV 교양예능 프로그램은 '교양'과 '교육'을 어떻게 재현하는가?」, 『교육학연구』, 59(6): 87-127.

윤준채, 2009, 「문해력의 개념과 국내외 연구 경향」, 『새국어생활』, 19(2): 5-16.

이선민, 2020, 「클릭유도성 뉴스가 일반적인 뉴스의 이용에 미치는 효과」, 『한국언론정보학보』, 102: 160-187.

이선민·진민정·이봉현, 2020, 「밀레니얼 세대의 뉴스 이용에 대한 탐색적 연구」, 『한국방송학보』, 34(4): 80-114.

이유미·오미영, 2019, 「포스트휴먼 시대 청소년의 정신 건강: 비대면 대화 매체 사용과 언어폭력 관련성 연구」, 『한국학교·지역보건교육학회지』, 20(3): 123-134.

이은주, 2011, 「컴퓨터 매개 커뮤니케이션으로서의 트위터: 향후 연구의 방향과 과제」, 『언론정보연구』, 48(1): 29-58.

이장욱, 2021, 「책 읽기와 함께 글쓰기를」, 『서울 리뷰오브북스』, 3: 211-221.

이혜정·최효선, 2010, 「온라인 학습 환경에서의 비언어 텍스트에 대한 개념적 고찰: Ong의 구술성과 문자성을 넘어서」, 『아시아교육연구』, 11(4): 167-188.

정혜승, 2018, 「청소년 언어문화의 특성과 향상 방안」, 『한글』, 79(1): 135-163.

주경복, 1990, 「한불 은어 비교를 통한 언어의 사회심리적 기능 연구」, 『언어』, 15: 309-345.

최명원, 2019, 「인터넷 기반 온라인 모바일 커뮤니케이션에서 이모티콘과 문자 텍스트의 상호작용」, 『한국독어학회』, 39: 141-163.

최재황, 2016, 「ACRL 정보 리터러시 '프레임웍(2015)'의 중심 개념 고찰」, 『한국문헌정보학회지』, 50(3): 171-191.

최현주, 2002, 「사진 이미지의 다의성polysemy에 관한 맥락 결정적 접근 연구」, 『한국방송학보』, 16(4): 368-400.

한귀은, 2005, 「영화 읽기 교육의 가능성과 조건」, 『배달말』, 35: 349-376.

홍병선, 2011, 「'비판적사고'가 갖는 철학적 함의」, 『철학논총』, 66(4): 4453-473.

Cazden, Courtney; Cope, Bill; Fairclough, Norman; Gee, Jim; et al. 1996. "A Pedagogy of Multiliteracies: Designing Social Futures". *Harvard Education Review*, 66(1): 60-92.

Chmielewski, Adam. 2020. "Ethics in Cyverspace". *Public History Weekly*, 20(1). 〈MDOI:10.1515/phw-2020-14887〉

Collins, James. 1995. "Literacy and Literacies". *Annual Review of Anthropology*, 24:

75-93.

Gee, James Paul. 1989. "Literacy, Discourse, and Linguistics: Introduction". *Journal of Education*, 171(1): 5-17.

Goody, J. and Watt, I. 1963. "The Consequences of Literacy". *Comparative Studies in Society and History*, 5(3): 304-345.

Graff, Harvey J. 2010. "The Literacy Myth at Thirty". *Journal o f Social History*, 43(3): 635-661.

Heath, Shirley Brice. 1982. "What No Bedtime Story Means: Narrative Skills at Home and School". *Language in Society*, 11(1) : 49-76.

Lloyd, Annemaree. 2005. "Information Literacy: Different Contexts, Different Concepts, Different Truths?". *Journal of Librarianship and Information Science*, 37(2):87-92.

_____. 2011. "From Skills to Practice: How Does Information Literacy Happen?". 『한국문헌정보학회지』, 45(2): 41-60.

Mackey, Thomas P. and Trudi E. Jacobson. 2011. "Reframing Information Literacy as a Metaliteracy". *Collage & Research Libraries*, 72(1): 62-78.

New London Group. 1996. "A Pedagogy of Multiliteracies : Designing Social Futures". *Harvard Education Review*, 66(1): 60-92.

Olson, David R. 1977. "From Utterance to Text: The Bias of Language in Speech and Writing." *Harvard Educational Review*, 47(3): pp. 257-281.

Soriani, Alessandro. 2018. 유럽의 디지털 시민성: *Digital Citizenship in Europe*. 2018 『미디어·정보 리터러시 국제심포지엄』. 서울: 프레스센터. 187-198.

Street, Brian V. 2006. "Autonomous and Ideological Models of Literacy: Approaches from New Literacy Studies." *Media Anthropology Network*, JAN 2006. 17-24. 〈http://www.philbu.net/mediaanthropology/street_newliteracy.pdf〉.

_____. 2013. "Literacy in Theory and Practice: Challenges and Debates Over 50 Years." *Theory Into Practice*, 52(sup1): 52-62.

Wagner, Daniel A. 2011. "What happened to literacy? Historical and conceptual perspectives on literacy in UNESCO." *International Journal of Educational Development*, 31: 319-323.

웹사이트 및 온라인 자료

"2021 언론수용자 조사". 서울: 한국언론진흥재단. 2021.12.31. ⟨https://www.kpf.or.kr/front/research/consumerListPage.do⟩

교육부. 2022년 1차 학교폭력 실태조사 결과 발표(보도자료). 2022.9.6. ⟨https://www.korea.kr/news/pressReleaseView.do?newsId=156524623⟩

김강민. "시청자 기만하는 방송사 '협찬'… 홈쇼핑 연계." 뉴스타파. 2021.3.18. ⟨https://newstapa.org/article/yvlo9⟩

누나를 노래방 아가씨로… 앱 번역기 오류가 불러온 살인 참극. 연합뉴스. 2022.4.30. ⟨https://www.yna.co.kr/view/AKR20220430037000055⟩.

대교, 교육업체 최초 한국어 독해 '크리드(KReaD) 지수' 특허 출원. 이투데이. 2020.8.12. [2021.7.21.] ⟨https://www.etoday.co.kr/news/view/1928596⟩.

서울시 여성가족정책실. 아동·청소년 21% 디지털성범죄 직접위험 노출… 서울시, 예방-상담-삭제 통합지원(보도자료). 2021.11.30. ⟨https://news.seoul.go.kr/welfare/archives/537842⟩.

"수육국밥 주문하려고요" 112 신고에 데이트폭력 알아챈 경찰. 연합뉴스. 2022.9.25. ⟨https://www.hani.co.kr/arti/area/chungcheong/1060038.html⟩

조성필 외. "무슨 말인지 몰라 수학 못 풀어요… 문해력 학원 1년 만에 300명 몰려." 아시아경제. 2022. 10. 06. ⟨https://www.asiae.co.kr/article/2022100602375164149⟩

"최고 미래학자 '인간은 사회적 동물' 명제 종말 맞을 것". 한국일보 2020.9.17. ⟨https://www.hankookilbo.com/News/Read/A2020091709590003660⟩.

트렌드모니터. '읽는 습관' 부족하고 제대로 글 안 읽는 사람 많아… 3명 중 1명 "주변에 읽기 능력이 부족한 사람이 많다". 매드타임즈. 2021.11.27. ⟨https://www.madtimes.org/news/articleView.html?idxno=10489⟩.

한국경제연구원. 저출산 고령화 추이 국제비교와 시사점(보도자료). 2021.3.4. ⟨http://www.fki.or.kr/Common/Download.aspx?id=51ae01c8-b325-4e4a-9082-be72a19de543⟩

허선영. 숏폼이 대세… 유튜브 '쇼츠 조회수 하루 300억회, 수익화 방안 곧 마련". 중앙일보. 2022.07.18. ⟨https://www.joongang.co.kr/article/25087556#home⟩.

American Library Association. 1989. *Presidential Committee on Information Literacy: Final Report*. ⟨https://www.ala.org/acrl/publications/whitepapers/presidential⟩

_____. 2000. *The Information Literacy Competency Standards for Higher Education*. ⟨https://alair.ala.org/handle/11213/7668⟩

Google Ngram Viewer. ⟨https://books.google.com/ngrams.⟩

Montoya, Silvia. 2018. Defining Literacy. ⟨https://gaml.uis.unesco.org/wp-content/uploads/

sites/2/2018/12/4.6.1_07_4.6-defining-literacy.pdf⟩.

Media Literacy Clearinghouse. History of Media Literacy [2021.7.7.] ⟨https://www.
frankwbaker.com/mlc/media-literacy-history/⟩.

도서관과

리터러시
파워

초판 1쇄 발행 2023년 10월 9일
초판 2쇄 발행 2024년 6월 1일

지은이 | 송경진

펴낸곳 | 정은문고
펴낸이 | 이정화

등록번호 | 제2009-00047호 2005년 12월 27일
전화 | 02-392-0224
팩스 | 0303-3448-0224
이메일 | jungeunbooks@naver.com
블로그 | blog.naver.com/jungeunbooks
페이스북 | facebook.com/jungeunbooks

ISBN 979-11-85153-58-2(03020)

책값은 뒤표지에 쓰여 있습니다.